陳攖寧 著　蒲團子 編

陳攖寧文集・五

大丹直指
三一音符
法藏總抄

心一堂

書名：**陳攖寧文集 五** 大丹直指、三一音符、法藏總抄
作者：陳攖寧
編者：蒲團子
責任編輯：陳劍聰
出版：**心一堂有限公司**
通訊地址：香港九龍旺角彌敦道610號荷李活商業中心十八樓05-06室
深港讀者服務中心：深圳市羅湖區立新路六號羅湖商業大廈負一層008室
電話號碼：(852)90277110
網址：publish.sunyata.cc
電郵：sunyatabook@gmail.com
網店：http://book.sunyata.cc
淘寶店地址：https://shop210782774.taobao.com
微店地址：https://weidian.com/s/1212826297
臉書：https://www.facebook.com/sunyatabook
讀者論壇：http://bbs.sunyata.cc
版次：二〇二〇年九月初版
平裝
定價：港　幣　二百五十八元正
人民幣　一百八十元正
新臺幣　九百九十八元正
國際書號：ISBN 978-988-8583-45-4

香港發行：**香港聯合書刊物流有限公司**
地址：香港新界大埔汀麗路三十六號中華商務印刷大廈三樓
電話號碼：(852)2150-2100
傳真號碼：(852)2407-3062
電郵：info@suplogistics.com.hk

臺灣發行：**秀威資訊科技股份有限公司**
地址：臺灣臺北市內湖區瑞光路七十六巷六十五號一樓
電話號碼：+886-2-2796-3638
傳真號碼：+886-2-2796-1377
網絡書店：www.bodbooks.com.tw
臺灣秀威書店讀者服務中心
地址：臺灣臺北市中山區松江路二〇九號一樓
電話號碼：+886-2-2518-0207
傳真號碼：+886-2-2518-0778
網絡書店：www.govbooks.com.tw

中國大陸發行 零售：**深圳心一堂文化傳播有限公司**
地址：深圳羅湖區立新路六號羅湖商業大廈負一層008室
電話號碼：(86)0755-82224934

陳攖寧文集·五　目錄

典籍校訂卷下

呂祖仙跡詩詞合刊目錄……（三一）
呂祖年譜海山奇遇仙跡總目……（三三）

典籍校訂卷

下

三車秘旨

長乙山人李涵虛　著
皖江陳攖寧　校訂

三車秘旨讀者須知

一，本書作者李涵虛，世稱之爲西派，書中大旨雖不出參同、悟真之範圍，但既已自成一派，必有其特異之處，而爲他種丹經所未嘗言者，學者應分別觀之。

二，因學人工夫有先後，程度有淺深，故創爲三件河車之說。第一件河車即指第一段工夫，第二件即指第二段工夫，第三件即指第三段工夫。至於運轉河車之路，仍只一條，並無歧異，勿誤會河車有三條路也。

三，三件河車，文中未免有形容太過及譬喻不當之處，讀者幸勿拘泥於字面而曲爲之說。

四，附錄中收心法下手工夫，頗爲切要，果能仔細參悟，必可獲益。

五，道情詩詞雜著中，亦偶有妙義隱藏其間，讀者如能觸類旁通，固甚善也。

六，此書乃舊鈔本，流傳至今，已八十餘年，未曾刊版行世。除「河車三篇」而外，其他如收心法及道情詩詞等篇，在原鈔本上既未另立專名，又不應隸屬於三車秘旨名義之下，而其排列次序，亦欠妥帖，今特標題「附錄」一種，並重爲整理一過，以便讀者。

七，前人丹經之作，或以訪外護，或以示及門，本非普渡性質，亦非爲傳世計，故不必求人人了解，並且預防人人皆能了解。於是隱語異名，層見迭出，閱者茫然，不知所謂，甚至意在此而言在彼，真相常常被其瞞過。學道者無人不歎丹經之難讀，即以此故。

八，讀本書若不得其解，當求之於道竅談中；讀道竅談仍不能領悟者，當參攷三丰全集。因其可以互相發明也。

中華民國二十六年五月皖江陳攖寧作於滬上

李涵虛真人小傳

真人四川嘉定府樂山縣李家河長乙山人氏，生於嘉慶丙寅年八月初四日寅時。生時母夢一道人懷抱金書一函入門，寤時則真人生焉。伯仲三人，師居其二。幼而穎悟，弱冠入邑庠生。善琴，嗜詩酒。年二十四歲遇呂祖，不識。後病傷血之症，奉母命至峨眉縣養病，遇鄭樸山先生。先生康熙時人，孫真人諱教鸞之高弟也。同寓，與之治病，並云：「金石草木只可治標，治本則宜用自身妙藥方能堅固。」聞之，恍若夢覺，即稽首皈依，先生遂傳口訣，囑云：「大劫將至，子宜速修救世，更有祖師上真爲師。」後至峨眉山，遇呂祖、丰祖於禪院。師初名元植，字平泉，呂祖爲改名西月，字涵虛，一字團陽，密付本音。潛修數載，金丹成矣。三師復至，叮嚀速著書救世。奉三真之命，著有太上十三經註解、大洞老仙經發明、二註無根樹，名曰道言十五種，又曰守身切要；將呂祖「年譜」「聖跡」「丹經」「救世」等書删訂，名曰海山奇遇；撰集丰祖全書，名曰三丰全集；自著另有九層鍊心文終經、後天串述，俱刊行於世；更有圓嶠内篇、三車秘旨、道竅談三書，俱未刊行。

山於咸豐丙辰正月，至長乙山房，得瞻慈容，如三十許人。拜别後，師於本年五月初八寅時昇舉，異香滿空者七日。本日卯時，現仙容於自流井。飛昇後，顯跡甚多，不能盡述。師生二子，長業儒，次務農。大兄舉三子，長十一歲，聰明仁孝，師每稱羨。門人甚眾，而大丹成者，江西周道昌一人，得玉液還丹者數人。山德薄緣淺，侍師未久，略述其目擊大概云爾。

福建建寧縣巧洋弟子李道山敬述

三車秘旨

長乙山人李涵虛　著　皖江陳攖寧　校訂

三車者，三件河車也。第一件運氣，即小周天子午運火也；第二件運精，即玉液河車運水溫養也；第三件精氣兼運，即大周天運先天金汞，七返還丹，九還大丹也。此三車者，皆以真神真意斡乎其中，人能知三車秘諦，則精氣神三品圓全，天地人三仙成就。

第一件河車

運氣功夫，所以開關築基，得藥結丹也。其中次叙，從虛空中涵養真息爲始。收心調息，閉目存神，靜之又靜，清而又清，一切放下，全體皆忘，混混沌沌，杳杳冥冥。功夫到此，如天之有冬，萬物芸芸，各返其根；如日之有夜，刻漏沉沉，各息其心。此無知無識時也。誰曉得無知無識之際，纔有一陽來復，恰如冬之生春，夜之向曙，驀地一驚，無煙似有煙，無氣似有氣，由下丹田薰至心闕，使人如夢初醒。初醒之候，名曰活子時。急起第一河車，採此運行，遲則無形之氣變爲有形。此氣也，名壬鉛，名後天，又名陽火，故曰子時進陽火。何爲進陽火？學人把初醒之心，陡地撥轉，移過下鵲橋，即天罡前一位，誓願不傳之真訣也。此心名曰天地之心，又名妙心，又名元神，又名真意，又名玄關發見。移至尾閭，守而不亂，霎時間真氣溫溫，從尾閭骨尖兩孔中，透過腰脊，升至玉枕，鑽入泥丸。古仙云「夾脊雙關透頂門，修行路徑此爲尊」，即指此也。

愚人不知運氣，便要舌舐上顎，以承甘露。吁！可笑亦可憐也，皆不得師之過也。須知運氣一道，只可引氣入喉，黃庭經云「服食玄氣以長生」。因此陽火之氣紫黑色，名曰玄氣耳。服食之法，須要口訣，乃能送入氣管，否則走入食喉，從何處立得丹基？須把這陽氣送下氣喉，至於玄膺，乃化爲甘露之水。黃庭曰「玄膺氣管受精符」，此之謂也。玄膺名玄癰，又名玄壅，言人之氣到此壅塞也。俗人不知玄妙，氣至泥丸，就想他化爲神水，如吞茶湯一般。吾恐氣管一滴，便叫汝咳而不休矣。蓋水者有形之物，安能入得氣管？故黃庭曰：「出清入玄二氣煥，子若遇之昇天漢。」猶言清氣出於丹田，玄氣入於玄膺，二氣轉換云爾。氣化爲水，灑濯心宮，仍落於虛無竅內，竇之裕之，是爲築基。築基既久，積累益深，乃有一個時候，照常靜坐，忽於丹田中突出一物，有聲如風雷之響，有色如星電之光，是爲後天中先天藥。即按第一車運之至於泥丸，始化爲液。餌而服之，方得玉液丹頭。此得藥結丹之始也。

以後工夫，須要緜緜不絕，固蒂深根，乃盡養丹之妙。請看下文分解。

第二件河車

運精工夫，所以抽坎鉛，制離汞，鍊己性也。前此運氣日久，得了小藥，結了丹頭，以後緜緜內息，天然自在，固守丹田。每早晨間，清坐清臥，其丹如一團軟綿，升於心府，仍要收回虛中，杳然無影，方不走失。訣曰「神返身中氣自還」，正此時也。懷抱日深，忽然間丹田如春水初生，溶溶漾漾，即守自然之內息，烹之鍊之，其水忽化爲熱氣，由兩胯內邊，流至湧泉。須要神注兩踵，真息隨之，此所謂「真人之息以踵」也。如此片時，湧泉定靜，即將心返尾閭，默默守候，忽覺有物來尾閭，似綿陀，似饅首，似氣塊，沉滯難行，就要調停內息，專心壹志，猛烹急鍊，乃有一股熱湯，透出尾閭，徐徐過腰脊，滔滔上泥丸，方謂之黃河倒捲，漕溪逆運。此等河車，大洞經所云「勒精衛泥丸」，呂祖所云「搬精入上宮」，不與運氣同也。泥丸宮中，水聲震響，久之而水聲止息，神即休於其中。持守片時，乃以舌倒舐上顎，鼻中忍氣，牙關緊閉，兩手反抵坐榻，頭面仰對空梁，候他金液滿舌，其鼻息忍而不播，伊乃嘓了一聲，流入氣管，降下重樓十二階梯，神水灌注華池矣。這個華池，人多不知，或言舌胎下，或言下丹田，皆非也。此華池在人兩乳中間，名曰上氣海，與玄膺隔一層耳，白玉蟾云「華池正在氣海内」是也。水滿華池，走而不守，至於絳宮，心地清涼，落於黃庭，心火泰定，此之謂抽鉛制汞，牽虎降龍。既未兩卦，周流不息，即玉液鍊己之事也。但此玉液，不能日日常有，須加前頭運氣工夫，運之數次，乃有一次。若做到玉液長來之時，則黃中通理，皮膚潤澤，心君閒逸，性體光明，對境忘情，在慾出慾，隨緣度日，在塵離塵，真意堅牢，劍鋒犀利，圓陀陀，光灼灼，赤灑灑，亮錚錚，此鍊己純熟時也。於是講三車功夫，又聽下文分解。

第二件河車

運先天精氣，丹家名汞迎鉛入，情來歸性，七返九還之事也。前此鍊己純熟，汞性通靈，進退自如，雌雄應變，功夫至此，乃可行返還大事。七返還丹者，先將已成之汞性呼爲内丹，於是入室坐圜，把内丹藏於空洞之中，上邊如乾，下邊如坤，性邊屬有，命邊屬無。先要以有入無，然後從無生有。其象如乾精播於坤母，坤乃實腹而爲坎；坤精感自乾父，乾乃虛心而爲離。乾坤既列，名爲鼎器即有無妙竅也，離坎二用，借此現形。原夫以有入無之時也，寂寂靜靜，心死神存。稍焉，有自己識神化爲驚人愛人之物試爾内神，又有諸天魔將化爲好人惡人之物試爾内神。諸般不動，元神湛然，乃更一時焉，有一支陽氣發生，譬如坤陰之下，一陽來復，我即吐乾宮一陰以迎之腎氣上升，心液下降，本乎自然，名曰以汞迎鉛，又曰大坎離交，又曰內外陰陽消息。消息既通，於是命太乙神女儔邱蘭者，捧出雌劍，摘而取之，立爲丹本。此即七返還丹也。

丹本既立，神氣融和，由是一陽漸長而爲兑，坎男變爲兑女矣此即「庚方月」「西江月」「蛾眉月」諸喻時也。因此「兑女」二字，故丹家名曰「首經」，又曰「天癸」因類而言耳，愚人不知，盲修瞎鍊，未遇真師之故也。丹士採此首經，名曰攝情歸性。五千四十八日歸黃道之時，有如十五明月，金水圓滿。在人身中，總一先天精氣騰騰壯盛之時也。學人到此，急起大河車，運上泥丸。稍焉，有美液墜入顎中，大如雀卵葡萄，非麝非蜜，異樣甘香，此乃九還金液大丹也。道人服此金液，然後名之曰鉛投汞，金併木，後天返先天，嬰兒會姹女。嬰姹相逢，朝夕涵養，久之洞見臟腑，內外光明，中有一真，宛然似我，此嬰姹復生嬰兒矣。得此嬰兒者，必須默默調養，刻刻溫存，由靈谷轉移上天谷，然後出神入化，高會羣仙。

附錄一：收心法

收心法題詞

平鋪直叙收心法，上天歡喜無譴責；窮年矻矻駕河車，心似勤勞實安逸。昨夜飛神朝上真，封爲善教大真人；道我四百年來事，三番遊戲到紅塵。懷抱金丹獨得意，也共羣仙說啞謎；覺來始動慈悲心，手中直寫瑯環記。不分善惡與賢愚，總要收心坐虛無；入得杳冥方見道，最初一著好工夫。

收心法下手工夫

養生之道，真息爲本。曹文逸云：「我爲諸公說端的，命蒂從來在真息。」誠要言也。下手工夫，先靜心，次緘口，次調息心靜則氣平，不調之調爲上，鼻息平和，然後閉目内觀，神注腎根之下陰蹻一脈穀道前，陰囊後。如此片時，將心息提上虛無竅内臍後腰前心下腎上中間一帶，不可拘執，停神安息，以自然爲主。心太嚴則炎，務必順其自然，即文火也；心太散則冷，務必守其自然，即武火也。文武烹鍊，始終妙用，内息勻稱，勿忘勿助。是時也，心如虛空。有息相依則不虛，有息相隨則不空，不虛不空之間，靜而又靜，清而又清，氣息緜緜，心神默默。至此要一切放下，人我皆忘，此之謂「鑽杳冥」。杳冥中有氣，一神獨覺，此乃真息也。真息發現，薰心酥癢，還要按入腔子裏虛無竅內，積之累之，則命蒂生而陽氣自長，乃可以開關運氣矣。

凝神調息，是下手工夫。凝神者，是收已清之心而入其內也。心未清時，眼勿內閉，先要自勸自勉，收他回來，清涼恬淡，始行收入氣穴，乃曰凝神。坐虛無中，不偏不倚，即是凝神於虛。調息不難，心神一靜，隨息自然，我只守之順之，加以神光下照，即是調。調度陰蹻之息，與吾心之息相會於氣穴中也。神在氣中，默注元海，不交而自交，不接而自接，所謂隔體神交也。守其性不散亂，存其神不昏沉，故能杳冥恍惚。

心止於臍下曰凝神，氣歸於臍下曰調息。神息相依，守其清淨自然曰勿忘，順其清淨自然曰勿助。勿忘勿助，以默以柔，息活潑而心自在，即有「鑽」字訣。以虛空爲藏心之所，以昏默爲息神之鄉，三番兩次，澄之又澄，忽然心息相忘，神氣融合，不覺恍然而陽生矣。

收心法雜談

門人問曰：「三車秘諦，盡洩天機，能不懼天譴乎？」涵虛曰：「非敢故違天譴，實望人改過自新。凡作功課，必先去人心，求道心，屏凡息，尋真息，然後定神氣，鑽杳冥。如此諸境，皆不可少。入吾道者，安得復為小人？」

凡做功夫，「鑽杳冥」是第一樁難事。但先天一氣，自虛無中來，必有真杳冥，乃有真虛無。噫！先難而後獲，全身要捨得。昔我在洞天中，學「鑽杳冥」七八年，然後稍有把柄。今之學者，進銳退速，安能入道耶？

弟子問曰：「先生傳道，人言過濫，倘下士得之，行持無效，能不反脣相詆耶？」涵虛曰：「不遭下士之譏，不足以見吾道之大也。大道者，先要清淨身心，調理神氣。其甚者，要能一切放下，鑽入杳冥。必有此等真功夫，然後有真效驗。彼無功而妄想效驗者，亦終為不得效驗之人也。反脣相詆，何足病之？」

弟子問曰：「如師所說，惡人皆可學道乎？」涵虛曰：「可。」即誦格語曰：「從前種種，譬如昨日死；從後種種，譬如今日生。諸惡莫作，眾善奉行，則能轉地獄為天堂，變黑氣為紅光。余有三字訣，修道之士，勤、誠、恒缺一不可。但勤矣、誠矣，而結果必歸於恒。孔子曰：『人而無恒，不可以作巫醫。』況道乎？ 儒生習文藝尚以數年爲期，甚至有十年者，豈修心鍊氣反不如讀書作文？」

誠，乃至陰之象，在易爲太極，在佛爲如如。孟子曰：「至誠而不動者，未之有也。」不誠未有能動者也。動對靜言，則知誠爲陰象。孔門之道，推至誠如神，論至誠無息，皆靜中大體大用。故以誠入靜，靜心不亂； 以誠入定，定心不移； 以誠守中，中心不偏；以誠入杳冥，則通微無礙矣。

勤，爲學業之本。其在於道，更有不勤之勤焉。養自然之息，定自然之心，無爲而爲，爲而不爲。所謂「緜緜若存，用之不勤」者，真乃勤之至也。

鍊睡魔必用「勤」字。跑香打坐，精神倒退，此誤用其勤之過也。善鍊睡者，睡而不睡，不睡而睡，功夫自然不斷，神氣自然加增。熬更守夜，反惹睡魔。參同契曰：「寢寐常相抱，覺悟候存亡。」能用此訣，自然惺惺不昧。

門人問曰：「陸潛虛仙師云交媾乃太上閟秘之旨，其訣可得聞乎？」曰：「交媾者，至陰之本，杳冥之根也。人能鑽入杳冥，方能得成交媾。我勸人先在虛空中團鍊，靜之又靜，定之又定，無人無我，無無亦無，自然入得杳冥，不交媾而自能交媾，從至陰中生出至陽矣。」

交媾之法，先天與後天不同。先天交媾，以性立命；後天交媾，以神合氣。故入藥鏡云：「是性命，非神氣；水鄉鉛，只一味。」先天名目，獨有一物；後天名目，則分精神意氣、魂魄性情。若在先天，只鍊出一個，都皆有了，總要從交媾中取出真陽耳。人身五臟，原有部位，不可移動，道家云「乾坤坎離顛倒」，豈心可移於下、腎可移於上耶？非也。所謂顛倒者，乃心腎中之神氣耳。心神俯而下就，腎氣仰而上升，神氣顛倒，則有形之心腎亦如顛倒，無形之乾坤亦皆顛倒。顛倒交施，坤中生一陽爲坎，乾中生一陰爲離，離女與坎男交施，則如西方之兑女，相接東方之震男，又將南北移爲東西，水火變爲金木。金情木性，稱爲白虎青龍。龍交虎，如姹投嬰；虎交龍，如嬰投姹。要之乃性命二物。命中有性，性中有命，二物乃一物耳。故紫陽先生曰「震兑非東西，坎離非南北」，人亦可以恍然矣。

儒家、道家，養氣各有不同。養自然之氣，可以得生；養浩然之氣，則可生可死，古來志士仁人見危授命、殺身成仁之類是也。養之之時，純是義理之心，充乎宇宙。故孟子曰：「其爲氣也，至大至剛，以直養而無害，則塞乎天地之間，是集義所生者。」道家養氣，獨葆其真，不必見危而早退，不必殺身而早隱，易所謂「見幾而作，不俟終日」之君子也。「道家初功，須養自然之氣，敢問何爲自然之氣？」曰：「易言也。其爲氣也，至小至柔，以曲養而無害，則聚乎虛空之中，是集精所生者。」

道家還丹，亦是浩然之氣。其氣得手，亦能見危授命，殺身成仁，古來謂之「刀解」。究竟有神奇莫測處，變化莫解處，異乎儒家。或死之後，他處見之，鬚眉轉少，仙客同遊，此乃還丹成就，身外有身者。

至人得道，生亦仙，死亦仙，如留形住世、尸解登真之類是也；仁者能靜，生亦壽，死亦壽，如曾子全身、顏淵短命之類是也。

道有五失：有淺嘗而去者；有浮慕其名者；有始勤終怠者；有心性偏執，未入門牆，妄詆高深者；有資質下愚，喚之不醒，呼之不悟者。

道有三得：有知之者，可爲靈人；有好之者，可爲真人；有樂之者，可爲至人。

附錄二：道情詩詞雜著

道情詩二十四首

人道爲人好，我道爲人忙不了，縱然富貴不關心，也要朝思暮想登仙島。咱家涵虛道人是也，出世不凡，投生又錯，從小兒咿唔幾字，長大來葛藤一身。也要想文名傳世，又要想陸地飛仙，想得我一事無成，算得他五行有準。幸還有茅庵一座，道伴三人，逍逍遥遥高出塵寰之外，喜喜笑笑盤桓水石之中。秋末冬初，山中無事，煮一壺菊花酒兒，賞過早梅，細將道詩吟詠也。

堪歎我生下世來啊！

自記前身是冷生，湖南湖北一舟輕；　爲何惹下西方願，雲水煙山浪蕩行。

又歎他生下世的

撞入胞胎寄了魂，一重父母一重恩；　容顏也肖爺娘貌，保抱提攜笑語温。

生成人身，這個就好，但要曉得珍重

萬劫千生得個人，須知浩劫種來因；純陽老祖婆心甚，勸汝當前重此身。

修真的人，一點凡心生不得，聽我誦來

出山泉濁在山清，自悔當年賦遠征；忽見繁華多少事，方知對境不忘情。

修道的人，道心發生，却在何處？

風泉韻繞萬松篁，不及平湖十里鄉；月在天心寒在水，令人心地忽清涼。

修行人，上等的，要從無中生有下手

我家丹法出瀛洲，提個虛無便起頭；不怕全然無影響，要從無裏問根由。

第一要鍊精化氣

陰蹻脈上氣濛濛，多少真元在此中；採入虛無鍊成氣，蓬萊萬里路相通。

第二要鍊氣化神

神氣交加入杳冥，忽聞空處誦真經；五方五氣來環繞，報道生神出始青。

第三要鍊神了性

仙氣須從靜裏尋，紅塵路上少知音；中庭坐得香三月，長得黃芽一寸深。

出家人，鍊精生氣之後，便有幾分效驗

朝朝運氣上泥丸，浸浸甘津長舌端；灌溉三田生百脈，自然精長谷神安。

每日甘津滿口，便生仙心

碧島幽棲賦小山，純陽高坐畫樓間；焚得掃地渾無事，只有花齋一味閒。

生了仙心，便生靜心

煙山深處好盤桓，從此文心想鍊丹；袖捲白雪歸洞府，垂頭閉目坐蒲團。

生了靜心，便生真心

有識有知皆是假，無知無識始生真；一翻觔斗鴻濛破，要往東方做道人。

真心發見，真種常生

金投木汞共徘徊，嬰姹相逢真快哉！昨夜麻姑傳好夢，紅丸一粒遂懷胎。

爲何叫以有生無？

結成玉液作丹財，放入坤家真靜哉！忽見一陽來地下，丹資還我不須猜。

爲何叫無中生有？

真鉛出在太無中，種在離宮出坎宮；我見黃芽開勃鬱，人言白雪滿虛空。

爲何叫相接長生？

汞性輕浮日好飛，鉛情沉重食無違；修丹但得情歸性，定跨青鸞入太微。

爲何叫殺中有生？

鉛投汞窖害中恩，汞受鉛拘死裏生；　妙寶若還無管束，神仙事業不圓成。

如何與青娥相見生下聖胎？

青娥年少好修行，不是孤陰體不生；　自與洞房相見後，同床十月產胎嬰。

如何換鼎移胎，子又生孫？

大道原來步步高，還丹成就見仙曹；　年年火候添門户，放眼蓬山意氣豪。

聽山人道來，養生妙理有許多快活，
不知平時心慕的果係何師何仙？

純陽處士老陳摶，五代逍遥世外仙；　簡板漁筒方外樂，任他離亂自然安。

又師事那位仙師？

大元遺叟號三丰，元末逃亡不見蹤；　直待承平方出世，行雲流水樂喬松。

談咱家

涵虛逸客道情詩，二十四章盡表之；長乙山中無別事，一聲漁鼓一篇詞。

收心法道情自遣

欲造大羅仙，須把心兒鍊，功名休亂想，利慾莫牽纏。縱有游絲來打算，烈火燒除顯性天。一頭起，一頭斷，只見減，不見添。那怕他心猿萬萬，那怕他意馬千千。行內功呼吸丹田，守真息清淨自然。鑽杳冥引出祥煙，冲得我絳宮癢癢，醉得我四體緜緜。這是俺降龍真訣，斬蛇手段。在人間處處相傳，洩天機不賣銀錢。發財的門生封贄見，貧窮的門生盡隨緣，他也率真，我也清廉。俺如今掘井三年，要做些功果因緣。誰知道命途乖舛，時運艱難，家業蕭條，英雄氣短，丹床中一概不管。有朝一日風雲便，撒手逍遥上海山。

心神篇 以下雜體詩十三首

其心明明，其用紛紛，其神冥冥，其體安敦吾無所作爲而氣自凝。是以古人直取不神之神爲神。

養心吟

掃除怨欲不辭難，心既安時身亦安；月吐清光臨止水，風將涼意繞迴欄。佛書參透無煩惱，仙語得來有定觀；長自收心腔子裏，獨行獨坐獨盤桓。

虛空吟三首

行之容易得之難，除了虛空不造丹；舉世若求安鼎處，個中境界比天寬。

好之容易樂之難，除了虛空不造丹；舉世若尋生藥處，壺中原是列仙壇。

得之容易守之難，除了虛空不結丹；舉世若尋立命處，起頭煞尾一團團。

修丹吟

按摩導引術，易遇而難成；金丹大道法，難遇而易行。行之亦不易，然可按長生；模範於天地，煅鍊於性情。性情兩交感，空谷自傳聲；效驗有變化，功夫在靜清。心清而氣靜，地下有雷鳴；雷鳴震天地，二候合真精。龍虎一場戰，於野定太平；三陽開萬竅，採藥到中營。從此十個月，文火養胎嬰；劈破泥丸頂，逍遥上玉京。

與人談不死術

古有不死神，並無不死身；其神得不死，即是得仙人。人死則亡神，仙死神則存；存亡隔天壤，仙凡非等倫。世上期頤叟，亦能歷多春；究其老將至，模糊失性真。茫茫貪欲擾，奄奄志氣昏；未死身先亂，未生昧前因。並不待來世，眼前早沉淪；誰能抱奇術，閒居鍊元神。縱難逃一死，靈性獨超塵；逍遥天地間，吹簫隨洞賓。

歎色慾關

千古大癡人，愛色如愛花；千古下愚人，貪慾無津涯。慾縱色必損，狂飈捲林葩；國風止於色，稍稍有風華。蕩子酣於慾，其類同豬豭；色慾兼修者，荒亡盡可嗟；不如挈美姝，絕欲鍊丹砂。奇哉張果老，攜妻種園瓜；幻哉伊用昌，與妻唱雲霞；兩賢皆艷色，世外歎情賒。至人無慾念，淫根斷莫邪；我愛古仙人，仙女爲渾家。

學道者宜絕慾

大丹用爐鼎，乃鍊藥温養喻言，俗人不察，疑謗叢生，此執泥文字之過也。余戲仿其詞，與拘墟者明其意。

兑金十四兩，堪作神仙鼎；取他癸中鉛，補我身中損。紅羅養性真，丹房好器皿；功成悉棄之，選配同修省。有一東家郎，妙年剛修穎；坎離顛倒顛，性情兩相肯。是吾靈父母，同入洞天隱；道成一家仙，大羅來接引。

和麻碧城先生衰中盛體韻

亥盡仍逢子，冬初早見春；一陽來復始，萬物漸含新。雪地山河亮，霜天氣象真；寒園佳果熟，橘酒露全神。

曉起大悟

萬事不如意，歸來復吟詩；此身宜獨善，吾道未盡差。春速燕來早，夜寒雞唱遲；曉星如碗大，天象少人知。

重九後招諸弟子遊蓍頤觀

虛空結翠鬱蒼蒼，拍手行歌到上方；我願衆生登壽域，仙泉端爲老人香。

重九寓雷養正家

重陽天氣雨如絲，養正堂中正舉巵；醇酒醉人殊不覺，嘉言待客少相知。惟君與我呼同調，促膝談心出妙詞；何日同騎雙白鶴，青城山下覓靈芝。

滿江紅第一體

拍掌高歌，歎世人宛如燈燭。笑虛生浪死，成何收束？名利場寬空白戰，詩書債滿尋丹訣。問先生，何日海天遊？容吾說。親尚在，家難出；恩最重，情難絕。把名繮解下，且歸茅屋。黍豆承歡耕綠野，山樽介壽栽黃菊。要等我侍白頭人，方纔決。

滿江紅第二體

請問名公，怎麼叫修仙修佛？須要把儒書參透，再同君說。養性存心包妙道，修身立命傳真訣。浩然中養就還丹，騎龍出。　天運泰，賢人育；　君道盛，才臣作。　笑我儕疏嬾，何須獻璞。天下功名那個盡，人間風浪無邊惡。到不如奉養山林，早抽足。

滿江紅第三體

制藝文章，盡都是六經糟粕。況加了油腔滑調，有何真實？　趨時醜態真可笑，出名心，何大急？　靠詩文做個大官兒，興家業。　　初學念，先差失；　權到手，因貪得。　把錙銖重看，軍民輕擲。有個清官明義利，奈無錢奉上成讎敵。看我輩出山難，忙收拾。

大江西派九字

西道通，大江東，海天空。

呂祖題詞

大江初祖是純陽，九轉丹成道氣昌；　今日傳心無別語，願君個個駕慈航。

民國二十六年（一九三七年）七月丹道刻經會初版道竅談三車秘旨合刊

呂祖仙跡詩詞合刊目錄

陳攖寧　擬定

呂祖年譜海山奇遇仙跡總目 用李涵虛編輯之本。

第三卷 北宋，凡一百五十一年。

岳陽繪像
戲陳執中
同鍾祖度曹景休附：谷就訛國舅攷。
知來不知去
詩贈東老
度浴室僧
度石王休
度劉跛仙
王鼓刀改業
梳化龍
仙棗亭
石照亭改呂仙亭
贈慧覺禪師
遊黃鶴山
酬筆師

第四卷 南宋，凡一百五十三年。

第五卷 元，凡八十九年。

第六卷 明，凡二百七十六年零四月。

第七卷 清朝。

海山奇遇目錄完。

呂祖編年詩集

陸潛虛　原本　李涵虛　重編　陳攖寧　擬定

今擬再節錄之。

序文 共十二篇。

序序
原刊文集序
重刊文集序
龍洲居士序
陸潛虛序二篇
劉體恕序
李涵虛序
又序二篇
程易明序

呂祖編年詩集卷一　唐詩

自唐大中初起，至南唐中興止。

我家三首
修行法
莫道
喜自然來訪
自幸二首
狂吟
仙品
獨行口占
警世吟
道成後有人問余作麽生者，𢠶然書此
得大還丹
詠丹道五律七首，象七返
再詠丹道五律九首，象九還
要言一首，象得一
詠道七律六十四首，象六十四卦

洞庭湖君山頌
赴瑤池仙會留題寺壁二首
浩吟
醉後以道袍戲質酒家，口占大笑
知音難遇，仍還星渚廬阜
答人
日前過洪都西山遇施希聖肩吾别來寄此
下廬山遇軒轅來訪喜贈
法劍
贈古豪俠二首
贈劍客二首
嵩陽小店題壁
贈嵩高上下石室主人
客哂吾詩多天語，書此答之
西遊華嶽遇馬仙湘

贈喬二郎歌
海上贈劍客五首
題全州道士將暉壁

呂祖編年詩集卷二　宋詩

自太平興國起，至南宋祥興止。

贈蓬峯道士
謁宰相不見戲題
潯陽紫極宮留題
贈劍仙二首
與張公泊
岳陽樓
示長沙僧
又示
落魄歌
題永康酒樓

示嚴州唐仙姑四言
題四明金鵝寺壁
鳳翔天慶觀題壁
或問藍長笑先生衡嶽靜坐頂間霹靂一聲而化者何故，以此答之
今日憶

呂祖編年詩集卷三　元詩

黄鶴樓與龍江子閒話
遊錦屏山作
再以瓜皮汁題錦屏，時皇慶癸丑之春也
停雲巖訪隱者不遇，以瓜皮汁題石壁而去
至正辛未五月二十日奉天帝詔陞九天採訪使口號
元統甲戌春遊洞庭遇張三丰以詩見贈，起句云「這回相見不無緣」，蓋用予句也，仍就此和之附：三丰真人原作洞庭晤純陽先生
桐鄉示徐通判治疽方詩並註

呂祖編年詩集卷四　明詩

呂祖編年詩集卷五　清詩

題像五首
放吟二首
絕句二首
仙術
金丹
清溪
兩丸
偶吟
疇昔詞
示津源
和李笠翁韻
又示笠翁
七律二首
念佛偈示揚州石子天基
雪厓洞和韻四首

呂祖編年詩集卷六　清詩

涵三雜詠前集

涵三雜詠續集

示黔楚會合

示劉允誠、鄧信誠

喜黔楚會合

送允誠、元誠回黔錄第二首

寄示

指示玄功二首

示劉體恕

示黃誠恕遊黔

示誠恕還楚

示人錄末首

示吳一恕

臨李務恕樓頭

元夕前二日二首

示殷秉誠

七言絕句二首

呂祖編年詩集卷七

石室三驗詩

示呂茂林

示張仁榮

齊雲閣詩並引

約齊雲諸子遊卉木林化爲僧像示之，歸壇賦此

再約諸子遊卉木林先示一詩

詠懷

丁巳十月望日約諸生來遊鳳棲寺，獨薊北黄生來遊，歸齊雲賦此

秋曉

八月朔日

癸亥八月十五夜降於黄鶴之仙棗亭與諸子玩月

永寧道署示劉晴帆觀察

題關公訓世真經八首

壺廬草自引

呂祖編年詩集卷八

抱一樓閒吟

江上看雲歌
大書四言
一劍
題畫石兼示江上諸子
自書二首
喜火二到江上戲作
過江樓
大江派偈並引
飛吟
七絕
揚州

余生日諸子載酒錦屏山之丞相祠延請丰仙追陪笑謝之餘並和丰仙元韻
生日錦屏山與自在丰仙聯句
示白駒觀諸子
聽人談琴
霜降夕臨江樓
和丰仙題老隱仙圖附丰仙原韻
又題和老遊仙圖附丰仙原韻

呂祖詞曲道情雜鈔卷九

梧桐影題景德寺
漁父詞十八首丹訣
漁家傲江南遊唱
六么令示人
憶江南十一首，與丹客
西江月八首，指玄

快樂神仙詞
戲作道情詞
山花子書野韻於燕山駐雲堂
道情曲九調
漁家樂曲九調
西江月三首
野航詞示野航和尚
楊柳枝仰觀俯察
如夢令睡仙
思帝鄉遊仙
風流子酒仙
法駕導引詩仙
天仙子飛仙
兩同心詠金丹真夫婦
醉翁操

海山奇遇約一百六十頁，呂祖詩集約二百頁，序文、凡例、目錄約三十頁。版本大小照道竅談一樣，共約三百九十頁，分釘六本，每本約六十五頁。因爲卷數關係，每本頁數不能一律。若嫌頁數太多，尚可把内容減少三分之一，把六本改爲四本。若再爲節省起見，版本字體可以改小。

陳攖寧、汪伯英手寫本，完成於一九四〇年代初期，具體時間不詳

陳攖寧　審訂

邱長春真人秘傳大丹直指

題記

此篇原是青島某道友手鈔秘本，往年帶到上海，請我審定。余觀篇中所有工法口訣，乃北派真傳。惜其字句錯誤、文理欠通之處頗多，遂加一番修改，然後寄還某君。不久，彼等將余修改之稿付諸油印，印成再送一本給我，即此册是也。惟當日匆匆修改，未能盡善，閲讀之下，仍不免荆棘刺眼。今又做第二次修改，稍爲可觀，但不敢謂滿意耳。

民國三十七年冬季攖寧識

奇經八脈說

衝脈在風府下，督脈在臍後，任脈在前，帶脈在腰間，陰蹻脈在尾閭前陰囊下，陽蹻脈在尾閭後二節，陰維脈在頂前一寸三分，陽維脈在頂後一寸三分。

凡人八脈屬陰，閉而不開，仙家以陽氣衝開，故能得道。八脈乃先天大道之根，一炁之祖。採之惟陰蹻脈爲先，此脈動，諸脈皆通，上徹泥丸，下透湧泉。倘能知此，使真炁聚散，皆從此關竅，則天門常開，地户永閉，尻脈周流一身，貫通上下，和氣自然上朝。要知西南之鄉，乃坤地也。尾閭前，膀胱後，小腸之下督脈發源處，靈龜之上，此乃天地逐日所生炁根，產鉛之地也。任督二脈，一源兩歧，一行身前，一行身後。人之任督，猶天之子午，可分可合。分，陰陽不離；　合，渾淪無間。一而二，二而一也。任督乃人身之子午，陽火陰符，升降之路，坎離交媾之鄉。又曰身中一竅，名曰玄牝，在乾之下，坤之上，震之西，兑之東。坎離交媾之地，在人身天地之正中。八脈、九竅、十二經、十五絡，輻輳虛間一穴，空懸黍珠。醫書謂之任督二脈，元炁之所由生，真息之所由起。修丹之士，不明此竅，則真息不生，神化無基，故人能任督通，則百脈皆通。黃庭經言：「皆在心内運天經。」天經即吾身中之黃道，呼吸往來之路。此皆河車妙旨也。以前可參攷本草綱目内奇經攷。

一論呼吸

「炁是添年藥，心是使氣神；　能知使氣主，便是得仙人。」

呼爲父母元炁，吸爲天地正炁。令炁合形，神合炁，則命在我矣。凡人不知收藏呼吸之地，强閉出入，元炁反爲天地所奪。又或任其出入，則元炁隨呼吸而出，與死靜者無異。是以有添抽之說，使炁呼吸至根蒂。吸自外而內，呼自內而外；　吸則來於子宮玉洞，呼則直上崑崙。呼吸旋爲一炁，而後謂之添年藥。

雖然，一炁如何至此？　蓋呼吸久，但覺有一吸至於內，久之而並不覺氣急，猶子在母腹時，即爲胎息也。但凡人只知吸之在內，不知呼之亦在內，知之則可奪天地之正炁矣。

二論玄竅

又曰：「汝欲内呼吸，汝當得其一，則萬事畢。」

一之爲物，有兩竅。兩竅又止一竅，一竅通無極，一竅反太極。此一竅也，無内外，無邊傍，中有乾坤，理五炁，合百神，性命始於此。此結胎之所，根蒂之處，精炁神俱生於此。及父母生身受炁之初，精炁相交之頃，流注一線之路，其中似有管相通。故曰：「無孔笛，没口人吹者也。」有此管，然後生腎，生諸臟腑。一身經絡，皆從此生。曰總持門，曰三關要路。先天一炁，實遊於此；後天正氣，實從此入。在母腹時，吸至此竅，合天降；呼從此竅，合天升。又名爲龜鼻頭。惟此一竅，乃内呼吸之祖炁也。

人以命門爲玄，腎堂爲牝，此處立基，謬之千里矣。不知玄牝乃天地之根，在西南坤地，臍後腎前，而又非臍下一寸三分，非兩腎之空竅，此乃真竅。能得而知，上通泥丸，下通尾閭，中通心腎。中空内直，不可形求，不可意取，先天真種，實藏於此。通天地，通神聖，得則生矣，失則死矣。真人之息以踵者，此也。此天仙下手處。捨此而下，酆都九幽者也。

觀音堂，觀屬眼，音屬耳；眼屬心，耳屬腎。心腎相接處，爲觀音堂，主持一身者也。

自兩眼角心一時收來，收到兩眼角中間，觀音堂也。以一身心神炁脈，盡收在此處，所謂「乾坤大地，一時收來」是也。

心定後，自觀音堂用眼下看鼻尖，看到臍下半寸，眼常在此處，寂然不動，任鼻呼吸，調息緜緜，若存若亡，不假工夫，則真息自調。息不由於鼻外，思惟止於身中，正謂此耳。

又曰：「蟾光終日照西川。」即此便是藥之根。蟾光，即眼光也；西川，即臍下坤地也。若用眼迴光於臍下，以調真息，是神入炁穴。如築基一般，迴光久，腎中一點真陽，上與心神相合，則心息相依。

夫一呼一吸爲一息。息者，炁也。心息相依，則水火既濟。迴光調息工夫，遇靜即行，不拘子午，十二時中，意到皆可爲。即行功時，意失便收來，所謂「放去收來總是伊」。是工夫久，寂然不動中，復以色情採之，欲罷不能，欲解不釋。

心內自悟，五賊先去。五賊乃眼、耳、鼻、口、意。目不外視而視內，則魂在肝而不從眼漏；鼻不聞香而呼吸在內，則魄在肺而不從鼻漏；口不開而默內守，則意在脾而不從口漏；心不妄想，則神在心而不從想漏。如此精神魂魄意，攢簇在坤位，坤爲腹，則獨修無漏矣。**攖寧按** 五賊只說了四個，尚缺「耳」之一賊未說。

三論採藥

藥者何物？ 吾身元炁是也。

又曰：「不向腎中求造化，却於身上覓工夫。」元炁行乎氣血之中，而耳能聽，目能視，手能持，足能行。然人之生，元炁生之也，所以强名此炁曰「命」； 而心有神，强名曰「性」； 神炁性命合，故曰「雙修」。工夫只在一「雙」字。心火上炎，腎水下漏，便不「雙」也。故修性兼修命也，無他，不過取腎中之炁。

採炁之訣： 脊骨二十一節，自下而上，七節之傍，兩腎居之。從下尾閭穴，天一生水，夜子後，一陽生，身中元炁，自下而上，却行到腎。兩腎中間一竅，正七節之中，元炁從此而出，所以人睡到半夜子時之後，外腎陽舉。陽不自舉，內腎竅中之炁發出，而外腎舉也。當其內腎陽炁將到外腎之時，不妨披衣起坐，垂目閉口，調息緜緜，存想兩腎中間。若有炁從此出，此炁即謂之鉛，爲坎中金也，又名白虎。腎絡連心，下動上應，夜夜行功，坐更餘方睡。一月之間，覺兩腎中間炁動而出。只因起坐，此炁不得順而下行，乃逆而上行。丹道只在一「逆」字，順於凡母則成胎，逆受靈母則成丹。外腎不舉，便是陽炁不行之驗。不採之採，是名爲採，而所謂鍊精化炁者也。

又人吃五穀諸味，濁化爲渣，清化爲津，津化爲陰精。陰精不鍊，便作怪，想淫欲。只用丹田自然之風，吹動其中真火，火在下而水在上，水得火蒸，自然化炁而上騰，蒸透一身關竅，是爲鍊陰精而化真炁也。

四論交媾

腎水即覺上升，便以心炁下降，此炁謂之汞，離卦，以其木生火也，又名青龍。下迎而水火迎合，心腎二炁，自然交媾，身中夫婦也。以意爲媒，用意勾引，即爲中央意土也，又曰戊己土。

所謂交媾，只心腎二炁，循環於心下腎上之間，玄門指爲洞房。

交媾數足，循環百遍，落於黄庭，下丹田相迎，無夜不交媾，夜夜落黄庭，則夜夜元炁凝聚，便是積炁。積炁便是抽添，所謂「炁是添年藥」。常人以之延壽，玄門以之修鍊，皆借此炁爲丹頭也。

五論河車

元炁積聚，上無路可通，只得下穿尾閭，由尾閭而夾脊、而玉枕、而泥丸，而背後炁通也。前升之炁忽引後升之炁，上而復下，下而復上，玄門所謂河車運轉，「夾脊雙關透頂門，常使炁衝關透節」者也。總之，是任督二脈通。任起中極之下，上至咽喉，屬陰脈之海。二脈通，則百脈皆通。又曰：「皆由心內運天經。」天經，即吾身中之黄道，即二脈也，「晝夜存之自長生」也。

吾息心運轉之後，復落黄庭，自覺黄庭内有炁存焉，以心常常照顧。所謂「心息」，又謂「凝神入炁穴」者此也。行住坐臥，照顧不移，神炁自凝，一炁即歸中，鼻中炁自微，所謂「調息要調真息」者此也。然凝一之久，又復周流循環不已，鼻息之炁，接天地之炁。天地之炁從鼻入，接着腎中之祖炁，與之渾合一運，此人而漸與天地合，以爲後來鍊炁化神張本，補益吾鑿喪之真炁，所謂「竹破以竹補」也。

又以此融化凡精，而生真精。真精真炁已足，自然化神。精炁神充滿於一身，然猶爲後天，未能超脱，以之延年可也。

六論先天

如欲得丹，必須棄世極靜。小靜三日，中靜五天，大靜七日，靜中自然生動，所謂「人死自活」。此時全在道友扶持之力。

混沌鴻濛，牝牡相從。鴻濛者，一炁未分時也。相從者，陰陽混於中而不相離也。當其未離也，神凝炁聚，混融爲一，內不覺一身，外不覺宇宙，與道爲一，萬慮俱遣，溟溟涬涬，不可得而名，强名曰「太乙含真炁」，又名曰「先天一炁」，爲金丹之母。勤而行之，可與鍾、呂並駕矣。

又曰：「採鴻濛未判之炁，奪龍虎始媾之精，閉入黃房，鍊成至寶，寂然不動，則心與天通，而造化可奪。」又曰：「莫向腎中求造化，却於心裏覓工夫。」

今人不知大道之祖，或指真鉛爲先天，或指天一生水爲先天，或指兩腎中間靈明處爲先天，皆非大道之先天也。

七論三寶三要

人身有三寶三要。三寶者，精炁神也。神即性，天所賦也；炁，未生之初祖炁也；精，先天一點元陽也。此三品上藥，鍊炁化神，鍊精化炁，鍊神化道，三寶之旨也。

三要者，一曰鼎爐，然名雖多，而玄關一竅實鼎爐也；二曰藥物，名亦異多，而先天一炁實藥物也；三曰火候，然火候名亦甚多，而元神妙用實火候也。

八論太陽真炁

又曰：「能奪天地之真炁，可以長生。」早晨於高處，向日靜坐，存想太陽包羅吾身，連身化爲太陽。無思無爲，混混沌沌，天地之炁漸漸歸吾身。如日在東，眼則向東；日在西，眼則向西。總是吾身與太陽相抱，輪轉不息，方能得之。

九論無中生有

又曰：「丹道當夜炁之未失，但凝神聚炁，端坐片時，少焉神炁歸根，自然無中生有。漸凝漸聚，積成一點金精。」又曰：「命之根蒂在真。」又曰：「形者神之用。」聞至人調息養性之訣，無非精炁通身，鍊一身之陰炁而已。

十論坎離水火

當人未生之時，一點初凝，總是混沌性命。三月而玄牝立，系如瓜蒂，兒在胎中，隨母呼吸。既生而剪去臍帶，天翻地覆，則一點真陽，凝聚於臍中，乾變爲男離，坤變爲女坎。故神出炁移，遂不復守胎中息。

夫息者，胎呼吸也。息不守，則心火屬男離，屬魂，欲飛，又加以思慮塵想，益不與腎水相接；腎水屬女坎，屬魄，欲沉，又加腎水失固，益不與心火相接，是任其升沉，坎離不顛倒矣。腎自腎，心自心，水火各居，不但不能生丹，而且生疾病耳。

又滅照心，不滅妄心，焉有生理。

十一 論塞兑垂簾

塞兑者，口開神炁散，故塞之也。垂簾者，眼全開露神，全閉暗神，惟半垂簾耳。故元宫係妙覺真性，丹地爲一身緊關。

又云：「丹竅，仙家謂之玄牝。」又曰：「玄關，曰戊己門，曰龍虎門。」總之不外「水」「火」二字。

又兩眼之中即天根，即所謂玄關也。其根全於眼心生造化，自屬真心。玄之又玄者，心腎内日月交精於内，兩眼外日月交精於外，攢簇水火而不散，炁自調矣。此穴謂之「觀音堂」。

十二論靜中採動

若於寂然不動之中，復有動機，當時即以色情採之。欲罷不能，欲解不釋，此色心濃餓，而動其真陽，更加觀心而吸神，以助火工，即不必三個月時候，或靜坐、睡醒時，覺腹中有沖和之炁，升撞不定，此真陽炁動也。即用眼用意，採此真陽之炁，經引到頂上正路中，所謂「倒行逆施，以能升頂」者此也。復自頂上引至腹中，又自腹中引入尾閭關，前後數回，半晌工夫，一得永得，其炁常自周流。

十三論三關三田

夫背後尾閭、夾脊、玉枕，此三關爲督脈，屬陽。前面上丹田即觀音堂，中丹田即黄庭，下丹田即臍下也。三丹田屬陰，即任脈。此陰陽升降之路，自背後督脈上來，即屬子；自前面任脈下去，即屬午。此子午抽添，所謂「周天火候真炁通身，千條百脈撞崑崙」也。

尾閭關在背後夾脊下，脊骨盡頭處，其關通内腎之竅，此關起一條髓路，號曰「漕溪」，又曰「黄河」，此是陽炁上升之路，直上至胸後對處，謂夾脊雙關。又上至腦後玉枕，此三關也。

人身有三宫，曰泥丸、土釜、華池是也。泥丸謂之上丹田，方圓一寸二分，虚間一穴，乃藏神之穴，在眉中心入内三寸之地。眉心爲天門，入内一寸爲明堂，再入内一寸爲洞房宫，再入内一寸，然後爲泥丸宫。眉心之下謂之鼻柱金橋，下至口中，有兩竅通喉，謂之「雀橋」。蓋喉是頸外哽骨，外炁出入處也。内有軟喉，謂之咽喉，乃進飲食通腹，謂之喉也。其炁喉有十二節，曰「重樓」。直下肺竅，以至於心。心下有一竅，名曰「絳宫」，乃龍虎交會之地也。直下三寸六分，名曰「土釜」，黃庭宮也，乃中丹田。左明堂，右洞房，青龍居左，白虎居右，亦是虛間一穴，方圓一寸二分，乃藏炁之所，鍊丹之鼎爐。直下之臍門相對過處，約有三寸六分，故曰天上三十六，地下三十六，自天至地八萬四千里。自人心至腎八寸四分，天心三寸六分，地腎三寸六分，中丹田一寸二分，非八寸四分而何？臍門號「生門」，有七竅通外腎，乃精炁漏洩之竅。臍之後，腎之前，正中處，名曰「偃月爐」，又曰「炁海」。稍下一寸三分，名曰「華池」，又曰「下丹田」，乃藏精之所，採藥之處。此處有二竅，一竅通內腎，一竅通尾閭。

此一身之關竅也。

攖寧按 八萬四千里之說，不合於今之天文學。寸數分數，亦不可拘執。因人有長短肥瘦之不同，未可一概而論。

十四論以神馭炁

又論胎息。呼不得神宰，一息不全；吸不得神宰，亦一息不全。蓋呼吸者炁也，神者心也。所謂：「炁是添年藥，心是使炁神。」以神馭炁，以炁留形。以神馭炁而成道，以火鍊藥而成丹。

此篇經陳攖寧先生圈點並批曰：「此篇字句，錯誤之處太多。凡能看得出的，皆已代爲改正。尚有明明知其是錯誤，而無法改正，只得仍舊。道理說得很好，但嫌其名詞複雜。」云云。

油印本，陳攖寧再次修訂版，成書一九四八年前後

崆峒道人張心籟　作
陳攖寧　刪訂

三一音符

題記

此書文辭欠佳，而鈔寫錯誤之處又不少，更加難讀。余費了七日工夫，修改其文辭，校正其錯誤，圈點其字句，劃分其段落，方臻完善。後之學者，便利多矣。

此書名甚爲特別，人多不解，余今闡明其義如後：三者合一，故曰「三一」；三教聖人所說的圓音妙諦，皆相符合，故曰「音符」。此書以儒家之易經、中庸，佛家之大乘經義，和道家之老莊學說及金丹口訣相貫通，會三歸一，故名爲「三一音符」。書中本無句讀，所有圈點，皆我加入者，但未必合於新式標點之規則，閱者諒之。

三一音符目錄 原目

上卷

第十一明火候
第十二養道胎
第十三證圓通
下卷
贅言或聞長篇約四千字
心易五言律詩八首
雜詠七言律詩三首
醒迷玄籟三套，共廿一段並七言絕句二首
觀蓮吟七言律詩一首
懺心文四言八句
跋語三篇

傳燈宗派二十字

蓬蓬子像

大道崇聞德，雷音普化尊；　乾坤三教主，夷夏一家春。

師姓張，名聞冲，字心籟，號韶陽，別號蘧蘧子，來自崆峒山，遨遊海上者三十餘年。陳攖寧按　作者不知爲何時人，惜無年代可攷，余疑此君和龍沙派有關係。貌偉爽，聲洪大，靜如山止，動若雲從。蓬頭披衲，飄飄然不帶人間煙火氣，恬默若愚。至其談及三氏，則吐詞滾滾，令人駭異驚奇，罔測底蘊。陳攖寧按　三氏，指儒、釋、道三家而言。

師有傳燈宗派二十字，因圖其像，書於兩旁，以便來學者以派受教耳。

後學聽五子謹識

蒲團子按　原書蘧蘧子畫像，陳攖寧評曰：「此圖畫得不成樣子，若要付印出版，必須從新再畫一幅，或將其取消。」故特請家父蒲建輝先生仿原意重繪之。

三一音符上卷 進修節要十三篇

悟生死第一

一晝一夜，天道之自然；一生一死，人道之自然。神聖知晝夜生死皆幻妄，而非真常，故黜聰明，去私欲，忘晝夜，外生死，超常見之自然，法大道之自然，故能宇宙在手，萬化生身，德合天地，明並日月，無量劫中，不生不滅也。

因欲開示後學，故說經遺教，使人知大道惟有一門，捨此一門，餘皆旁門外道。此一門爲何？即道德經云：「出生入死，生之徒十有三；死之徒十有三；人之生，動之死地，亦十有三。」此十三者，乃生我之門，死我之户，出生入死，皆由此門。但百姓隨流順化，是以動入死户，不知回頭便是生門。

夫十三者何？一切萬有，咸藉水、火、土而生化，三者歸一，則既濟而爲生門；三者異途，則未濟而爲死户。水數一，火數二，合而爲三。水火不能自合，藉坎離中先天戊己真土，擒真鉛而制真汞，則水火方濟而生。陽土五，陰土五，合爲十數。與水(一)、火(二)、土(十)共合爲十三也。一生一死，在此十三一順一逆之間耳。**陳攖寧按** 此解雖不是老子的本意，若專就丹道而論，亦可算是上乘。

普通羣眾，已生更求生，則三者分離，即死户也；大修行人，未死先學死，則三者集合，即生門也。求生則心火外炎，不能內温腎水，水寒不能化氣。火上炎則水下漏，故名曰未濟，此「死之徒十有三」也。是以太上立此十三生死之門，使知水、火、土歸一之元，反身而誠**陳攖寧按** 「反身而誠」見論語中，則三者互濟於中，此「生之徒十有三」也。嗟乎！世人惟知圖名利，恣情欲，迷而不悟，水火兩分，動入死地而不知，故曰「人之生，動之死地，亦十有三」也。陰符經曰「生者死之根，死者生之根；恩生於害，害生於恩」，同此義也。故鍾祖曰：「生我之門死我户，幾個惺惺幾個悟；夜來鐵漢細思量，長生不死由人做。」此詩重在「鐵漢」二字，若非鐵漢，焉能下死工夫而實證長生之道耶？

下根劣見之流，每指婦女下竅爲生死門户，不啻毀謗聖道，余因畫既濟、未濟、生門、死户之圖，以俟智者觀之耳。

「不思萬劫輪迴苦，枉用千般牛馬心。」

「莫謂人生有百年，誰知生死刹那間；無情閻老來相請，難說妻兒債未完。」

未濟死户人心之圖

不思萬劫輪回苦

枉用千般牛馬心

莫謂人生有百年
誰知生死剎那間
無情閻老來相請
難說妻兒債未完

蒲團子按　陳攖寧批云：「此二圖亦不好，若把兩個人頭像除掉，只畫中間一段，就容易畫好。」胡海牙老師言：「此二圖，雖不甚美觀，然內具妙義，而頭像則有關鍵存乎其中，或攖師當日未曾注意於此。」今依師旨，亦請家父將二圖重繪之，以存其妙義。

後有生門，前有死户。尋死路，縱意向前；求活計，休心退步。即此地獄天堂，由你從心做去。

既濟生門道心之圖

得來驚覺浮生夢

晝夜清音滿洞天

心經本來絕字
大道自古無文
六根解脫一真歸
如鷄抱卵常聽
能於死中求活
自然害裏生恩
方知無我亦無人
祖祖口傳心印

「得來驚覺浮生夢，晝夜清音滿洞天。」**陳攖寧按**　此二句是邱祖所作的青天歌中語。青天歌共三十二句，此是末尾二句。

「心經本來絕字，大道自古無文，六根解脫一真歸，如雞抱卵常聽。能於死中求活，自然害裏生恩，方知無我亦無人，祖祖口傳心印。」**陳攖寧按**　這首詞我在別種道書上已見過，最要緊的是第四句。

蓋以人之形體，本因父母情動，精血交媾而成。胎在母腹中，如菓在樹，藉樹之氣而長育；　及乎十月氣足胎完，如菓熟自落；　一出母腹，離母氣，方接天地之氣而呼吸，如菓離樹而入土，則自本自根，得天地之氣而自生者也。

再論壽夭之理。菓在樹時，受氣有餘者，久而不腐；　受氣不足者，不久即腐。嬰兒在胎中亦然。受母氣不足者，出腹即死，或生後數歲而夭；　受氣足者，則健康而壽。然苟不知修，雖有壽亦終歸於盡耳。

人生之初，天命乃乾陽，形色乃坤陰。**陳攖寧按**　中庸所謂「天命」，即老子所謂「道」；　中庸所謂「性」，即老子所謂「德」。道爲宇宙萬物所共由之路，德乃個人所獨得。　形與性初合，陰陽未判，意識未生，猶然一太極，此道生一也；　及囮 **陳攖寧按**　囮，音「臥」，嬰兒初出胎時之哭聲 地一聲，一即分而爲二，一氣寄於腎而爲坎、屬水，一靈寓於心而爲離、屬火，此一生二也；　二者之中，即生一意，哭罷便能轉頭求乳，此二生三也；　由此一意，漸漸幻成千知萬識，此三生萬物也。**陳攖寧按**　老子所謂「道生一，一生二，二生三，三生萬物」，不是如此解釋，此乃借題發揮。　自此愈長，而心君爲羣識所誘，迷不知返，故有生必有死。倘能窮生死之根，明反覆之用，返本還元，則一身無極真機自見，而能自造自化，更能三歸二，二歸一，一歸無，我命由我不由天矣。

立大志第二

成大事者，宜先定大志。志不立定，而欲圖成，難矣。欲超凡入聖，成仙作佛，古今事莫大於斯。

試觀虞舜之孝，比干之忠，苟無大志，焉能外忘形體，内忘私欲，而成古今大孝大忠之領袖歟？故真君遺教，以淨明忠孝爲先，使學道者必發大忠大孝之志而入門。**陳攖寧按** 真君，即許旌陽。後世奉許真君之教者，皆稱「龍沙派」，此派以「淨明忠孝」四字立教。

奮志如秋，而情乃絕；灰心如冬，而神乃全。死中求活，而無涯之業識冰消；絕後重蘇，而萬劫之輪迴永息。功圓行滿，足報親恩，詎非孝之至大者乎？匡扶國運，普渡羣迷，詎非忠之至大者乎？然非天下第一等丈夫，惡能立此大志以成大事哉？

事明師第三

道即心也，有明師而心體方明。**陳攖寧按** 此心是道心，不是人心。故學道者，必擇明師而事之，庶不被旁門誘入火坑也。又當知三教本同，而經文各別。中國之經，言簡而意該；佛之經文，則一經各立一義，種種經有種種義，故必普會諸經，方能圓通佛義。學者固宜多看經書，但不宜執著語言文字。若能明此一心，則諸佛妙義悉明。故六祖雖不識字，獨能傳五祖心印，當時一般老僧宿學，咸得六祖開示，而獲頓悟。

釋典中常謂：「依經解義，三世佛冤；離經一字，便同魔說。」不即不離之義深矣。愚不惜饒舌，略陳佛經差別先後之義，使學佛者知何經爲入門之首要，何經爲解脫之極果。佛義窮，而三教悉窮矣。**陳攖寧按** 此「窮」字，是「通達」之意，不是理屈辭窮，勿誤會。

當知一入楞嚴之門，便發金剛堅固之志，則四相空而心無所住，二障除而智慧圓覺，此金剛、圓覺二經之名所由來也。志剛覺圓，則自性即佛，如蓮從泥水中透出，而不沾泥水，故經名妙法蓮華。蓮華既從妙法而生，不假莊嚴，而自然莊嚴，故經名華嚴。維摩一經，乃果熟解脫之義，能窮其義，則即境離境，不被萬緣之染；居塵出塵，不怕六賊之魔。雖歷酒肆淫房，而正法眼藏，涅槃妙心，常樂我淨，無入而不自得也。

然經義雖分先後，而心體實無始終。故心體猶醍醐也，經義猶糟粕也。醍醐既得，則糟粕當棄。**蒲團子按** 原書此處尚有「醍醐未就之先，必須炊米作飯，飯熟而後下缸，而後有醍醐也。既得醍醐，而米成糟粕矣。故經乃糟粕也，米乃經義也，心乃醍醐也」數語。陳攖寧云：「醍醐是牛乳做成，不是米飯做成，此說弄錯。」故陳攖寧將此錯誤之處删去。此心一明，則經義皆剩物耳。

但三教經書，粗淺者易知，精微者莫測，若不逢出世明師，則心體終不能明，而經中奧義，亦無從索解。所以學者如牛毛，成者如麟角，可慨也夫！

辨真僞第四

道無形相，真僞何以辨耶？曰：辨之於心而已。不先破僞，何以顯其真？如或有搬運呼吸者；或嚥津納氣而息息歸臍者；或閉息者；或辟穀者；或運氣過尾閭，升夾脊，至泥丸，復降重樓，過絳宮，入丹田，謂之肘後飛金精者；或以舌下爲「華池神水頻吞嚥」者；或以口鼻爲玄牝者；或以心腎爲坎離者；或朝守頂門，暮守臍輪，爲雙修性命者；或執臍後腎前之中爲守中者；或認臍上一竅、臍下一竅爲坎離，復以二竅之氣合爲金木併者；或以兩目爲左龍右虎者；或守眉心一竅者；或觀鼻端白者；或坐向天罡前一位，而欲奪天地造化者；或以陽舉爲活子時，而返精補腦者；或以夜半爲陽生，而採先天者；或以初三月出庚方，爲採藥之時者；或執符定爻，而行卦候者。旁門三千六百門，數之不盡。

又有一種邪師，謂男子外陽而内陰，爲離；女子外陰而内陽，爲坎。若不採彼陰中之陽，填我離中之陰，必難成道。或强兵戰勝而形交者；或上中下三進而氣交者；或彼此對視而神交者；或用乳加紅鉛作服食者。嗚呼！迷自己一性一命之真同類，而妄以女鼎爲同類。故悟真篇云：「貧人衣中珠，本是圓明好；不會自尋求，却數他人寶。數他寶，嗟何益？只是教君空費力。」白祖云：「薄福癡人不斷淫，尾閭閉了採他陰；元精摇動無牆壁，錯把黄泥認作金。」此二真人，力破邪妄，最爲明懇。**陳攖寧按**　以上列舉各種旁門，若行之得法，亦可却病延年，但不能大成耳。惟女鼎是造業之事，萬不可行，未見有好結果者。世間尚有迷信此事的人，都是自討苦吃。等到業報臨頭時，後悔已來不及。

「然則何爲不生不滅之真心耶？」曰：「水火既濟之元，即真心發現之玄牝也。」問：「從何門而入，方得既濟耶？」曰：「從聞思門修入，則真心立見，而水火立濟矣。水火交而永不老矣！」此心一明，則三教經文無不貫通，故曰「得訣歸來好看書，方知我心即聖心」也。聖心即經，經即吾心。以心證師，則真僞立判矣。

然師有四不參：檢藏師、講法師、坐關師、化主師。此四者，參之無益也。

知下手第五

夫下手者，當知性汞好飛，命鉛好走，故古仙有「左手擒住青龍頭，右手提住白虎尾」之説。

以心喻硃砂，以性喻砂中之汞，認得真硃砂，砂中即有汞。故下手之先，要明心爲本。

然砂中之汞，若非鉛中之金制伏，終好飛揚而不死，又必須先識真鉛。故曰：「養砂先要識真鉛，汞見真鉛兩意堅；得類自然情性合，還須真土爲良緣。」陳攖寧按 此四句本是外丹黃白術中之要旨，因内外丹法之理相通，故不妨借用於此。

汞必配鉛而不飛，鉛因土制而會汞，則鉛情見於土釜，汞性伏於黃房，此之謂「三家相見結嬰兒」也。

當知，外丹硃砂不死，汞不乾；内丹人心不死，命不立。須知三家相見，則真土自然擒真鉛而歸於中，真鉛自然制真汞而死於中，不患嬰兒不結於中。此之謂真下手也。勿謂今年姑待來年，今日還有明日。人命無常一息間，下手速修猶太遲也。

明三寶第六

玉皇心印經云：「上藥三品，神與氣精；恍恍惚惚，杳杳冥冥；存無守有，頃刻而成。」道有先天三寶，人有後天三寶。心印經乃言先天三寶也，是以恍惚杳冥而不可測，非言日用之識神、呼吸之空氣、交感之濁精之後天三寶也。然後天非先天不生，先天非後天不存，清依濁，濁賴清，兩相依賴而不離者也。

先天本來無修證，有修證者，後天也。故曰：「說到先天一字無，後天須要着工夫。」

蓋精氣以神爲主，但能妙合虛無，順其自然，則精氣自然服從神用。四大三寶，純乎其神，而神自然莫測矣，故名爲「神」仙。世上豈有精仙、氣仙哉？何必錯用工夫於鍊精鍊氣，以致徒勞而無功耶？陳攖寧按　精滿則氣足，氣足則神全；精虧則氣虛，氣虛則神散。年輕人可依此法做去，不必多費工夫。年老者又當別論。

貴精專第七

純一不離，謂之精；須臾不離，謂之專。必無人無我、無私無欲、無纖毫念慮，方謂之精；必無年無月、無日無時、無一刻間斷，方謂之專。如天地日月星辰，無一刻不健行。故曰：「天行健，君子以自强不息。」出類君子，當念生死事大，無常迅速，必須奮志專精，勿貪睡眠，以致間斷。間斷則無成矣。陳攖寧按　此專指坐功而言，睡功另是一事。故白真人云：「若不如此修行，即是無此福分。」虛靜真人曰：「縱然悟了不專行。」是以千人萬人學，畢竟終無一二成。勉之哉！

决頓漸第八

道本一途，教有頓漸者，何也？蓋本來無我，因執身爲我，故幻成種種私情業識，障蔽性天。既能知身爲幻，悟識爲妄，當如快刀斬亂絲，一斷一切斷。從前私識，無一絲牽罣，則性體立全，非頓而何？

然性一而已，而又有性命之分者，緣天命，乾陽也；形色，坤陰也。天命陷入有情坤體之中，則坤實而成坎，乾虛而成離，故曰「同出而異名」。今欲使後天坎離返還先天純乾，而復歸於一，必假聖師直指所迷之元，漸次進修，方獲圓證。所謂「功夫不到不方圓」，非漸而何？此命賴師傳謂之漸，性由自悟謂之頓也。故文始經曰：「道雖虎變，事若鱉行。」虎變非頓乎？鱉行非漸乎？**陳攖寧按** 鱉行甚慢，故曰「漸」。

先鍊己第九

呂祖曰：「七返還丹，在人先須鍊己待時。」**陳攖寧按** 此二句見於呂祖所作沁園春詞，有人讀爲六字一句，如「七返還丹在人，先須鍊己待時」，是讀錯了。照詞的句法，應當第一句爲四個字，第二句爲八個字。悟真云：「若要修成九轉，先須鍊己持心。」**蒲團子按** 「持心」原作「待時」，陳攖寧按云：「悟真原文是『鍊己持心』，不是『待時』。」據改。 故鍊己乃七返九還大丹之首要。

夫鍊己者，即是克己復禮，亦即是修西方淨土。己即是土，復即是「坤復見天心」之「復」，禮即是真心。故心屬火，禮亦屬火。一切有知有識之私欲心，乃未濟之人心；黜聰明，去私欲，方復既濟之道心。因未濟則違天背元，故曰「非禮」；既濟則人心復合天心，故曰「復禮」。

性天止水，本來清靜無塵，因六根幻出六塵，則性被塵蒙，故曰「迷」也。由是而克己鍊己，遂有淨土之名。土乃離宮中所含之先天己土，因六根幻己土爲塵，故淨土化爲飛揚穢濁之塵。當知一切妄識皆塵也，必須先克去私欲之塵根，根息則復還淨土矣。土既淨，則能生金，故曰「真土擒真鉛」。汞見鉛，則汞立死，故曰「真鉛制真汞」。蓋以先天乾陽之金，陷於坎，先天坎卦位居西，故喻爲修西方。淨土，亦指先天而說。釋家以先天名佛，常人不諳此義，遂誤解爲死後生西見佛。**陳攖寧按** 此說不合淨土宗的本旨，佛教徒一定要反對。即如柳華陽的慧命經，亦同樣犯了這種錯誤。世間道書，如此者甚多，張平叔的悟真篇爲始作俑者，皆不足信。

須知，所謂克己者，爲欲復得坎中先天之乾金；取坎填離，返還最初純乾之體，即是復禮，亦即是到了西方。六祖所謂「教諸人目前就見西方」，乃鍊己功成之候也。

審藥物第十

藥物者，先天乾中之氣也。乾與坤交，中氣入於坤而成坎。因世人迷此先天，不知求復，乃有生有死。若能捨身家，事明師，指出所迷之因，勤而修之，反而復之，則坤雷一震

陳攖寧按　地雷復卦䷗，寒谷回春，自能度生老病死一切苦厄，故名「藥」；因其無中生有，故名「物」。老子云「有物混成，先天地生」，蓋謂此也。此藥物人人俱備，藏在坎宮，其名爲鉛。學者先當窮「用鉛不用鉛」之妙義，更當知「須向鉛中作」之權宜。**陳攖寧按**　古外丹經云：「用鉛不用鉛，須向鉛中作；及至用鉛時，用鉛還是錯。」後世道書將「鉛」字改寫作「鈆」，蓋取鉛爲「金公」之義。若汞，則稱爲「木母」。執著鉛而搬弄之固非，離了鉛而別尋藥物，亦不可得。玄之又玄，正是此訣耳。

莊子人間世篇，孔子告顏回曰：「無聽之以耳，而聽之以心；無聽之以心，而聽之以氣。聽止於耳，心止於符。氣也者，虛而待物者也。惟道集虛。虛者，心齋也。」此說即是「用鉛不用鉛，須向鉛中作」之真實下手工夫，古今註莊子者皆未能體會到此。

蒲團子按　此章末段原有二百餘字，乃作者引證赤脚真人性天底蘊中一段論得藥早遲與仙鬼之分的文字，以勸勉學人及早修行。陳攖寧按曰：「此段大意，乃勸人及早修行，但理論不圓滿。雖然加以刪改，仍覺不妥。假使巳時已經得藥，午時決不會死；若巳時人就死了，更談不到午時方能得藥。這個譬喻，實在欠通，最好把此段取消，免得許多疑問。」故今不錄。

明火候第十一

火候乃自本自根之心密，時文時武之要機也。有入門、下手、升堂、入室次第之玄微，有後天、先天、盡性、至命始終之妙旨。故曰：「莫將火候爲兒戲，須共神仙仔細論。」**陳攖寧按** 此句不對，要改正。悟真篇云：「契論經歌講至真，不將火候著於文；要知口訣通玄處，須共神仙仔細論。」明火候之始終，則鍊己有繩墨，採取知昏曉，丹始結而骨可仙矣。

要知火候雖有種種之殊，咸不外身心性命自然之效驗，非有作有爲者也。性天中本具此造化，若非明師抉破，則遇陽生而不知採取之候，聞雷震而反起恐怖之心，時至疑生，藥產復耗矣。

修鍊家火候一到，聰明立成懵懂，氣與神合，神與虛合，虛極靜篤，而身心、性命、魂魄、意識，總歸於無何有之鄉。天地混沌，人我俱空，不辨是非，不知美惡，有若木雞然 **陳攖寧按** 「木雞」二字，見於莊子。如是七日來復，忽然夜半三更，木雞報曉，自然海底龍吟，山頭虎嘯。**陳攖寧按** 悟真篇云：「華嶽山頭雄虎嘯，扶桑海底牝龍吟；黃婆自解相媒合，遣作夫妻共一心。」那時「嬰兒跨虎中宵去，姹女乘龍向曉歸；丁公引入黃婆舍，混沌神房永唱隨」**陳攖寧按** 嬰兒，金鉛；姹女，木汞；丁公，火；黃婆，土，修鍊家前半段之大事了矣。

蒲團子按　原鈔本此章結尾，作者謂「蓮華會上親聞佛旨之徒，言及一大事因緣，尚有五千退席，況碌碌者乎？若非鐵漢，難退這紅爐」數語。陳攖寧按曰：「佛經上所謂一大事因緣，未必就是這件事，不可附會其說。」故陳攖寧改爲「修鍊家前半段大事了矣」。

養道胎第十二

黄庭經曰「仙胎」；楞嚴經曰「道胎」；白玉蟾祖師曰「男兒今日也懷胎」陳攖寧按　白紫清真人全集云：「怪事教人笑幾回，男兒今日也懷胎；自家精血自交媾，身裏夫妻真妙哉。」。道胎、凡胎，同而異，異而同。凡胎因父母情動性迷而有，故有形有相；仙胎因自己忘情性寂而凝，故非色非空。至於一時播種，十月養胎，二者均無異也。故金丹四百字序云：「三百日內，日日要施工；三萬刻中陳攖寧按　三萬刻，即是三百日，刻刻要用事。若有一刻差違，則藥材消耗。故毫髮差殊不作丹。」此即「道不可須臾離」之義也。

師曰：「三百日內，只是一個呼吸到底不離之妙。」陳攖寧按　一個呼吸到底，就是心息相依，一直到底，如此做去，中間不可停止。並非只許一個呼吸，不許兩個、三個、千個、萬個呼吸。丹經云「火記六百篇，篇篇相似」者，亦喻一個呼吸到底也。文雖別而義則同，胡可執文泥卦，以辭害意，因一日兩卦之說乃執卦行道，因一個呼吸之說乃著意行氣？種種偏執，以致昧於身心合一、無修無證之自然妙化。但若不洞明以上十二篇之密義，而遽言「道本自然，無修無證」者，則又墮於自然外道矣。**陳攖寧按** 佛家有「自然外道」之名。

證圓通第十三

「證」者，躬行心得之實驗也； 性全命立，造道之極，謂之「圓」； 形神俱妙，千百億化，謂之「通」。從有修至於無修，自凡夫至於聖位。聖而不可知之，謂「神」； 神化不測，斯謂之「證圓通」也。但君子之道，則闇然潛修而不露，故能造圓通之域而日彰也； 小人之道，則的然好露而自衒，故卒墮羣魔之境而日亡也。**陳攖寧按** 儒書云：「君子之道，闇然而日彰； 小人之道，的然而日亡。」。是故陰符經曰：「君子得之固躬，小人得之輕命。」蓋謂羣生自無始習染種種業根，惟色根、利根、名根最爲難斷。若有一根不斷，必墮一業之魔，焉得實證圓通而真符妙化哉？

三一 音符下卷

贅言或問

蘧蘧子燕坐，有或人進而問曰：「克己復禮，雖已聞命矣，但何謂『爲仁』？」曰：「喜怒哀樂未發之中，即本來面目，名曰道心，如核中未發枝葉時，生意未露，先天也，故喻曰仁；生機一萌，即後天人心矣，人心因種種情欲，日喪本來，如核中之仁，發出千枝萬葉，生機盡洩，而仁已矣。仁者，人也。因仁已，故不能同天地之悠久，而生死無常。是以聖人教民克去自己的私欲，則仁全而天德復完。故以『克己復禮』名曰『爲仁』。夫仁是天命之性，性本無情，如仁處核中，本無枝葉，情識一萌，則私欲日熾，而性天迷矣。故將核中未發之仁喻天性，已發之枝葉喻有情的人心。華嚴經云『善財智圓差別』，亦於『未發』二字悟入無生法忍，故曰『善財參遍後，黑豆未生芽』。豆未生芽，即仁未發枝葉之喻。不言白豆、黃豆，而言黑豆者，知白守黑之義也。」

或曰：「『一日克己，天下歸仁』，何其速也？」曰：「『人心若與天心合，顛倒乾坤只片時。』汝尚以一日爲速耶！」

或曰：「道有旁正之分，譬如一宅之中，旁門正門皆可升堂入室，又何必分別旁正耶？」曰：「豈不聞『同類易施功，非種難爲巧』乎？人之一性一命，是真同類，故明性命雙修者爲正門，不明性命雙修者爲旁門。使民必由正門而入。以性喻嘉賓，命喻真主人。性乃先天一靈，命乃先天一炁，因二物皆屬先天，故名同類。由正門入者，嘉賓也，嘉賓乃真主之同類，故性一全，命即立矣。若不先求明心見性而入者，皆旁門也，先天終不可得，命終不可立者也。且旁門乃小人出入之門，小人非真主同類，焉得見真主乎？」

或曰：「然則惟有雙修一門，餘二皆非真矣。何以楞嚴『二十五行門』皆證菩提？」曰：「嗟夫，學佛者不窮楞嚴全文大義，而各執一節中之偏見，是以聞正法而反生疑。佛憫人墮偏見，故假阿難名，設爲問答，以顯圓通之教無出一心。首則七處徵心，次則八還辨見，使人知已上七心八見，咸乃有生有滅之妄識，非不生不滅之真心；又援六結，以示六根之妄結必從中心方可解；又使叩鐘，以明聲塵有生滅而聞性無生滅。千譬百喻，直至山窮水盡，阿難方求佛開示入門秘密。佛尚不自直指，乃令二十五聖各言初從何行門入。二十五聖奉旨，次第各言行門已，佛又不自判優劣，復命文殊說偈，以示大眾及阿難，二十五行，孰是孰非，後學從何方便門入，得易成就。文殊奉旨說偈，乃明判二十四行門咸不可獲圓通，惟觀世音從聞思修入，方獲圓通。且深讚聞思門曰：『此是微塵佛，一路涅槃門。』此言古今成佛者，雖微塵之多，皆從聞思修入而至涅槃之極。又曰：『過去諸如來，此門已成就；現在諸菩薩，今各入圓通。未來諸學人，當依如是法；我亦從中證，非惟觀世音。』可見過去現在諸佛菩薩，莫不由是門而修證，並無第二門，何必多生疑惑，而違背經義？」

或曰：「敢問『朝聞道』何謂『夕死可矣』？」曰：「此重在一『聞』字上。聞者，非謂耳聞聖人之言，乃楞嚴『反聞聞自性』也。性本無生，是以無滅，朝聞天性，而暮悟無生無滅，則心死神方活，故曰『可矣』。夫死者，死有生之心；聞者，聞無生之性。蓋謂朝得聞無生之性，夕可死有生之心。故文始經曰：『聞道於朝，可死於夕。』又曰：『能知真死者，可以遊太上之京。』二聖言同一義，則知是死心而非死身矣。蓋真聞，即生生之主；真死，即無生之心。有生之心，非生生之主不能死；無生之性，非真死之心不能聞。子路不先窮生生之主，而遽乃問死，故夫子答以『未知生，焉知死』。子貢曰：『夫子之文章，可得而聞也；夫子言性與天道，不可得而聞也。』文章與性天，均出夫子之口，均入子貢之耳，何有可聞與不可聞者？此乃示聲聞非性聞也。」

或曰：「易從何道以盡性致命？」曰：「天地未判，混沌未分以前，惟二氣囫圇而已，故名『太極』。自兩儀判而萬物生，天地不知有萬物，萬物亦不知有天地。惟人爲萬物之靈，方知覆者是天，載者是地。而人中之至神至聖者，更知天地人皆太極所判，天地人各得太極之一，故稱天地人爲三才。併畫三爻爲一卦，曰乾，以象天；天必以地配，陽必以陰配，故又畫三斷爻爲一卦，曰坤，以象地。乾坤互交，而生六子，合成八卦，以象先天；又將八卦方位移動，以象後天。又合先天後天共六爻成卦，以先天居上爲外卦三爻，後天居下爲内卦三爻，以六爻的上二爻爲天之一陰一陽，以六爻的下二爻爲地之一陰一陽，以六爻的中二爻爲人之一陰一陽。明三才各具一陰一陽，故六爻亦三才也。就人一身而言之，則外卦三爻表天性，内卦三爻喻形色，必受天性爲一身之主，而後成人。但惜億兆順生順死，而不知逆反，故聖人畫卦以示象，使人盡性致命，窮神知化，明一身之乾坤闔闢，則易道在我，可以贊天地而同悠久矣。百姓隨流順化而無常，故曰『數往者順』；大人逆旋化機而入聖，故曰『知來者逆』。所謂『易，逆數』也。百姓逆天而順人，大人逆人而順天，則大人雖逆於眾，實順乎天地也。」

或曰：「敢問每卦六爻，何以乾卦之六爻中，初九、九二、九五、上九此四爻咸稱『龍』，獨九三、九四兩爻不稱『龍』，何也？」曰：「六爻者，亦三才也。初九、九二兩爻，乃地之一陰一陽；九三、九四兩爻，乃人之一陰一陽；九五、上九兩爻，乃天之一陰一陽。龍之飛潛，乃喻先天一炁之升降。因先天一炁無形無象，恍惚杳冥不可測，故權以龍喻之耳。陳攖寧按 此行十二個圈子，是原來有的，不是我所加。此君大概已經做過這種工夫，確能識得這件事，所以加圈之處甚爲扼要。且先天炁升，則龍亦飛；先天炁降，則龍亦潛。初九乃地之下爻，故名『潛龍』；九二乃地之上爻，龍既出地之上，則見於田矣，故曰『在田』。九五乃天位也，龍必飛騰而上於九五之天，方能利澤一切。上九乃九天之極處，故曰『亢龍』；陽極則陰生，陽主生，陰主死，故曰『有悔』。是皆以龍喻進修之大人。九二乃内卦中爻，九五乃外卦中爻，易以中爲尊，喻大人德尊，居中位也。九三、九四乃後天先天内外交合之鄉，形色天性後先輻輳之位，爲人道之一陰一陽，居一卦之中，如人一身之中位也，正是君子進修道德之地。九三曰『君子終日乾乾，夕惕若』者，以九三雖居内卦之上爻，猶未離於形色，故當以乾乾不息之天性，克去形色中有情之私欲也。九四雖居外卦之下爻，已離形色而進乎天性，私欲克盡，天性初全，已神化矣，故曰『或躍』；但九四雖出内卦之上，猶居外卦之下，故曰『在淵』。此皆形容先天一炁，或恍惚而在上，或杳冥而在下。陳攖寧按 「恍惚」「杳冥」四個字旁邊的圈子，是原來有的。此加圈之人是已得訣者，所以别處不圈，只圈這四個字。此二爻以内外卦言之，乃内卦之上，外卦之下也；以一卦六爻言之，乃名中位也；以互卦言之，或可以爲内互卦之上二爻，或可以爲外互卦之下二爻。上也，下也，或可上，或可下，或可言人道之中，此九三、九四二爻，上中下皆恍惚不定，正是『中無定位』『允執厥中』之心傳。故不言龍，而獨明君子自修之道。此聖人立象畫卦之妙用，寓意深矣。」

或曰：「坤卦六爻何如？」曰：「在天地，則乾爲天，坤爲地，坤主靜而隨順，乾主動而健運；在日月，則日爲天之元神，月爲地之元精，月受日化，生明於坤方庚位，故初三月出庚方而『西南得朋』也。乾與坤爲同類，故曰『乃與類行』；月行至艮，則晦而純陰，故『東北喪明』。在人則心屬乾，身屬坤。性乃心之神，命乃身之精。每卦六爻，喻人之六根。乾卦六爻，連而不斷，喻初生之嬰兒，六根雖具，尚完固無漏；坤卦六爻，斷而不連，喻羣迷汨沒塵情，故六根俱漏也。乾陽主生，坤陰主死。順百姓之日用，則乾**陳攖寧按** 四月乾䷀巳而姤**陳攖寧按** 五月姤䷫午，姤而遯**陳攖寧按** 六月遯䷠未，遯而否**陳攖寧按** 七月否䷋申，否而觀**陳攖寧按** 八月觀䷓酉，觀而剝**陳攖寧按** 九月剝䷖戌，剝而純陰**陳攖寧按** 十月坤䷁亥，陽盡陰純，終歸於死矣；逆百姓之日用，則坤而復**陳攖寧按** 十一月復䷗子，復而臨**陳攖寧按** 十二月臨䷒丑，臨而泰**陳攖寧按** 正月泰䷊寅，泰而大壯**陳攖寧按** 二月大壯䷡卯，大壯而夬**陳攖寧按** 三月夬䷪辰，夬而純陽**陳攖寧按** 四月乾䷀巳，陰盡陽純，而長生矣。所謂『原始反終，故知死生之說』也。**陳攖寧按** 丹法所謂周天運用，不能出以上十二卦的範圍。一般人只曉得後升前降爲周天，不免將大道變成小術，因此終身做門外漢。六十四卦，咸屬乾門坤戶，一姤一復、一顛一倒而生，故『乾坤者，易之門戶，眾卦之父母』也。以治世之道言之，則以乾陽喻君子，坤陰喻小人。自乾至坤，則君子退而小人進，天下所以亂也； 自坤至乾，則小人退而君子進，天下所以治也。因易道包括天地萬物之理，及內修外治之道，故謂『通天地人曰儒』。然易道者，性命之道也，自修爲本，治人爲末耳。」或曰： 「敢問六十四卦之中，惟坎卦之上加一個『習』字，餘卦皆無，何也？前賢以『習』字解作『重』字，言坎卦內外皆險，故以習坎爲重險。竊以八卦各有內外，則離可曰重明，乾可曰重健，坤可曰重順，震可曰重動，巽可曰重入，艮可曰重止，兌可曰重悅矣。何獨以『習』字加於坎卦乎？」曰： 「大矣哉，是問也。夫易爲性命而設，因百姓迷於日用而莫知反，縱悟而欲反，亦無門可入。是故聖人畫易，以乾坤喻身心，以坎離喻性命，使民知有生之初，乾與坤交，而乾中先天陽明之德，陷入有情坤體之中，坤腹實而成坎，乾中虛而成離，乃各正性命。當知坎位正是先天明德所陷之地，乃命根也，四大坤體，藉此一息之陽，爲一身生生之德。因凡民昧此明德，故聖人於六十四卦中，直示斯民當速反外炎之離火而時習坎，則水火濟而性命合，明德明而凡可聖矣。故坎位乃易道入門首要，原始反終之密機。業儒者因昧其首入之門，無下手處，故終身學易，竟不知易爲何事也。」陳

攖寧按 此說未必就是坎卦的本義，但專講修養之道，亦能自圓其說。

主**陳攖寧按** 坎，即水也。靈源大道歌所謂「神水」，即此義，感悲則化淚，感風則化涕，感熱則化汗，感酸則化津，感情則化精。精竭則人亡，故以坎爲險要之地，乃修身治國之重地也。修身

者，知一身當重險之地，慮險防危，而時習陳攖寧按 習，就是做工夫之，則身乃固； 治國者，知一國當重險之地，設險據要而恒守之，則國乃固。習於坎，則先天陽明之德自明。德復明，則險自固矣。此之謂在德不在險也。習坎正學易所重之地蒲團子按 原鈔本此下尚有五十九字，就「學而時習之」、「傳不習乎」亦「日省」，而言「習於坎」。陳攖寧修改後按云：「此是附會之說，非孔子、曾子之本意。世間傳道的先生們最喜强人就己，不管其說是否能通得過，以致被人輕視，連其真訣亦不相信，可謂笨拙。」又攖寧子乙未陽曆四月底補記云：「此一段删去，免得招人批評。」故删。後世儒家修養工夫所以絕傳，正爲『習坎』誤解作重險之故耳。故『重』字當作去聲讀，若作平聲讀，則易道所當重則者何在？而無門可入矣。」

或曰：「易道既重習坎，敢問仙佛之道所重者何處？」曰：「佛經重在楞嚴之聞思，仙經重在南華之心齋，儒經重在易道之習坎。」陳攖寧按 楞嚴工夫，重在耳根圓通； 心齋工夫，重在聽止於耳。易經卦象，坎爲耳。丹法以心爲離，腎爲坎； 火爲離，水爲坎； 神爲離，炁爲坎； 汞爲離，鉛爲坎； 日爲離，月爲坎； 陽中之陰爲離，陰中之陽爲坎； 乾破而爲離，坤實而爲坎。離火是病，坎水是藥。醫家謂：「腎開竅於耳。」

或曰：「既言三教同一，何以所重各別？」曰：「千古無二道，萬聖同一心，其文雖殊，其義則一。所入之門，若有毫釐之差，則仙非仙，佛非佛，聖非聖矣。當知聞思即習坎，習坎即心齋，心齋即聞思。三教文殊義同之妙，若非真師密印，欲於文字言語廣聞博學求明，徒自苦耳。真儒、真釋、真道，果能窮一教之理，自然能了徹萬卷，洞明三教，真知熾見而無疑矣。若不遇真師口傳密旨，不免臆度思議，遂至因聞思而執聞思，因習坎而執習坎，因心齋而執心齋，執身、執心、執內、執外。不執有爲，即墮頑空。因執種種偏見，遂將三教不二之法門，幻作千門萬法。志道君子，反離之中，習坎之中，則坎水自升，離火自降，會歸於一身天地之正中，三中混一，故名『和』。於是天地位而萬物育焉。**陳攖寧按**　中庸云：「致中和，天地位焉，萬物育焉。」故聞思者，聞於中，而空谷自傳聲矣；習坎者，習於中，而天籟自和鳴矣；心齋者，齋於中，而太音聲正希矣。**陳攖寧按**　此書所以取名「三一音符」，大概就是這個意思。此文殊義合，秘授密傳之玄旨。泥其文則三教各別，會其中則六律和同。佛仙之道豈外易？易豈外仙佛之道哉？故魏伯陽仙師借周易卦象以作參同契。佛教華嚴經八十一卷，卷末各有四十二字母，四十二字母上各畫一太極之象，此明四十二字爲八十一卷之母，太極又爲四十二字之母。**陳攖寧按**　華嚴字母上所畫之圓形圈子，不是太極圖，此說又嫌附會，最好把這一段刪去，庶免受佛教徒之批評。**胡海牙按**　愚見若刪去此段，則與上下文有失銜接；若不刪去，又將受佛教徒之譏評。故今惟有先將鈔本之原文照錄，並將先師攖寧先生之按語附之，讀者自行取捨可也。可知太極乃三教諸經之宗祖，順化則自太極而判羣經，逆修則混三教而歸一極，正乃萬法歸一之道也。洞明太極順逆之機，則華嚴之義了，而易道之宗昭矣。」

或問：「有了華嚴之義，而昭易道之宗者麼？」「咦！白雲一片橫谷口，幾多歸鳥盡迷巢。」

或者聞已，俄失所在，愚亦恍然若夢之方覺，不知或者問愚乎？愚問或者乎？噫！覺者衆，則知愚之所言者道也；夢者衆，則反以愚爲說夢矣。然莊周之與蝴蝶，其有分耶？其無分耶？讀者當自得之。

陳攖寧按　此篇所講的道理，於修養工夫大有關係，必須細心研究，方能領會。如果徹底明白，依法做去，則大事已了。

心易　五言律詩八首

易冠五經首，卦含性命宗；一形一太極，六畫六根通。一性被六漏，六塵迷一聰；羣生隨漏盡，順化鮮能中。

陳攖寧按　「鮮能」二字，見於中庸。

中爲三教主，還一咸用中；一默凡齊聖，多言數必窮。守中時習坎，習坎日重蒙；蒙極坤方復，一還義自同。

陳攖寧按　「多言數窮」是老子語，但老子原文「數」字作「屢」字解，此詩「數」字作「義」字解；　老子「數」字讀入聲，此詩「數」字讀去聲。

卦用六十四，惟坎加習字；　只爲離汞飛，故將坎鉛制。既知性命玄，方得水火濟；用土先擒鉛，鉛來汞自至。

元始一太極，包裹諸萬有；　河洛運五十，陰陽迭奇偶。絪緼品彙醇，主宰天地久；心易自心求，吉凶皆芻狗。

一極判八卦，六十四乃定；　乾坤喻身心，坎離言性命。屯蒙既未凡，未既蒙屯聖；六十卦周天，聖凡分逆順。

陳攖寧按　屯蒙既未，順行也；　未既蒙屯，逆行也。

乾坤易門户，順逆司動靜；　乾順坤則凡，坤旋乾乃聖。一機昭闔闢，六用示悔吝；君子固厥躬，小人輕其命。

陳攖寧按　乾順者，乾變姤也；坤旋者，坤變復也。

易窮性命理，辭爲吉凶言；本立末自得，情忘機乃玄。乾坤歸掌握，造化任斡旋；吾命既由我，榮枯不必占。

儒教易爲本，貫通天地人；道宗天設教，釋法地化民。崇釋免地獄，得道乘天雲；真儒三才備，缺一學未純。

雜詠　七言律詩三首

蒲團子按　此篇原鈔本名曰「三教同源律詩九首，以符九轉還丹之義。」陳攖寧針對前四首詩批云：「這四首詩，本底子毛病太多，無法可改，縱改亦改不好，只得把它取消。」針對末二首詩則批曰：「這二首也無深意，可以取消。」又批曰：「律詩九首，只留三首。」又三首詩次序爲陳攖寧調整，詩題乃陳攖寧所加。

老釋同源第一

造物無私本至公，含靈一性總相同；休分南北諸方派，都在乾坤大化中。天命洪纖齊稟賦，華夷授受互傳宗； 青牛西渡胡牛白，佛法東流道法通。

陳攖寧按 楞嚴經云：「雪山有大白牛。」

金丹成就第二

立志追尋世外蹤，百般心事付鴻濛； 珠沉赤水光潛曜，藥熟丹爐火有功。慧劍自應忘利鈍，仙胎何必辨雌雄？ 出山礦石金銅雜，鍊到金鈍弗見銅。

蒲團子按 此詩原鈔本作「默察知音不易逢，一腔造化向誰窮？ 珠潛赤水人無識，藥熟丹爐火有功。劍就自應忘利鈍，人前無必辨雌雄； 龍沙有識金剛雜，鍊到金存弗見銅。」陳攖寧按云：「此書中『窮』字最多，有幾處用得很恰當，有幾處用得勉强，若此處之『窮』字韻，更覺不妥。」故删改。

知音難遇第三

亘古輪迴未到家，只因錯走徑途斜； 不觀淡泊澄潭水，偏逐飄零墮溷花。天籟希聲誰解聽，巴歌俚耳儘堪誇； 趙州許會西來意，有問先教去吃茶。

陳攖寧按 古代禪和子，常有一句問語：「如何是祖師西來意？」趙州禪師每逢學人來參問，總是叫他「吃茶去」。此是無上的禪機。

醒迷玄籟 三套，昆板

第一套

黃鶯兒 四首

道學講中庸，口言中，心昧中，此長彼短如談夢。執不偏是中，執不易是庸，誰知玄妙天機用。靜歸中，靜中生動，動處便爲庸。

中體即鴻濛，混三才，一大空，良醫因病隨宜用。恨庸醫失中，妄將人病攻，徒教健體成虛腫。瞽傳聾，聾將瞽治，瞽復治人聾。

太極本來中，判三才，作化工，羣生順化迷真種。聖人知本中，教生民反中，逆旋斗柄庸爲用。復童蒙，還源返本，依舊入鴻濛。

萬化一身中，反而誠陳攖寧按　儒家有「反身而誠」之說，合聖功，待看坤復其陽動。地天交泰運，實填虛竅中，乾坤離坎依然共。復歸中，屯蒙既未，十月始而終。

陳攖寧按　以上四段，皆就「中」字而言。

琥珀猫兒墜

一勾兩點，億兆失其中，昧却中間一點紅，幾希禽獸異而同。似夢，可憐萬古，竟如長夜蒙蒙。人家雞犬，放且覓其蹤，何不收回一點紅？歸來喚醒九淵龍。休縱，早參心易，飛騰脱出樊籠。

尾聲

玄珠一粒生生種，加入羣迷兩點中，即此爲萬化中。

陳攖寧按　以上三段，皆指「心」字而言。

詩曰　聖人功化寓中庸，誰解忘言象外窮；既昧此心中一點，不由彼此不相攻。

第二套

新水令

英雄回首莫因循，百年期，短修難定。**陳攖寧按**　「修」字作「長」字解，仍可用，不必改。　浮雲輕富貴，洗耳薄爲君。**陳攖寧按**　孔子云：「富貴於我如浮雲。」「洗耳」，是巢父故事；「薄爲君」之意，就是看不起皇帝之尊貴。　野鶴孤雲，野鶴孤雲，信步在峯前直進。

步步嬌

周蝶從來無憑準，過隙駒馳迅。　風燈易明滅，死户生門，早向明師問。　凝虛聽籟鳴，聲聲喚醒浮生夢。

折桂令

任人間鼠嚇蝸爭，猛回頭，把虎伏龍馴。　混沌乾坤，雷走電轟，一霎時，看仙槎穩駕，逆度崑崙。　黃婆須臾匹配，立丹基，百日功靈。　霜飛十月，剝盡羣陰。　三萬刻，自緜緜不息；　天行健，度盡了無量劫自性眾生。　**陳攖寧按**　「鼠嚇蝸爭」，說見莊子；　易云「天行健，君子以自强不息」。

江兒水

靜極神機動，春潮振海音。多生幻夢從驚醒，醒來自把刀圭飲，飲餘謾唱陽春韻。我是誰人，便把青天來問。

雁兒落

歎玄兒，似牛毛，少悟真；笑禪關，鬬機鋒，早失西來印；憫儒家，不通權，空辜尼父心。錯認了六根門入爲真性；有誰地逢雷復陳攖寧按 地雷復☷見天根。陳攖寧按 邵子詩云：「乾遇巽時觀月窟，地逢雷處見天根。」師恩山高共水深，指出渾茫中天月一輪。

僥僥令

流水高山弦外聲，非子期，枉費心。不遇作家休下手，攷宫商，審五音。攷宫商，審五音。

收江南

呀！若不是個大英雄豪傑。呀！誰敢向此中行列。轟！陳攖寧按 「轟」音「橫」，俗音「烘」，不協韻。一怒扶摇九萬里，那管他籬鷃笑紛紛。塵淨時鏡明，冰泮時水清，端的是生中轉殺害中恩。

園林好

教分三，聖無兩心。不肖輩，他卑我尊。迷祖性，妄分人我。搖利舌，鼓鋒唇。搖利舌，鼓鋒唇。

沽美酒

道人心，道人心，似海深，能容百川下爲根**陳攖寧按**　大海能容百川，以其在下也，一任他親疏恩怨總無分。能自利，利他人；先自覺，覺眾生。印心燈，燈燈明淨；谷傳聲，聲聲相應。我呵，把天言，言著明，但願得人同此心。呀！勸賢良及時猛省。

清江引

草木衣食隨緣混，鷗鳥忘機盡，壺内有乾坤，世上無名姓。宇宙間一個大閒人，誰能並？

陳攖寧按　以上十段，尚可留存。

詩曰　無弦琴奏龍吟水，没孔簫鳴鳳下空；曲罷飲餘壺内酒，歸家笑指白雲中。

第三套

陳攖寧按　以下四段，可留可去，無足輕重。

普天樂

掛單瓢，天涯際，摶鵬翼在空潤裏。真瀟灑，真瀟灑，無剩無餘，只落得一粒心珠。呀！把秋蟾來自比，月尚有盈虧，這珠兒圓無缺，晝夜光輝。

錦纏道

大丈夫，悟浮生繁華總虛夢，醒自蘧蘧。笑空囊，惟存三五文兒，酤一壺倒乾坤顛日月的醍醐。飲餘興來時，御青風，獨自凌虛。這袖裏有誰知那短景兒的光陰幾許。且高歌，信步歸，向白雲深處自頤。

古輪臺

自甘愚，身披百衲任人嗤。笑看滿風波裏，他貪名圖利，愛子憐孫，全不想人生百歲，壽夭也難知。無常到了悔嫌遲，疾忙回首莫狐疑。何必躊躕，青春不再，眼前的恩愛，不須留戀，終有日相離。悟追省，一刀兩斷是男兒。

尾聲

此生難得休輕覷，一息離君萬劫迷，早早回頭不用遲。

觀蓮吟

盤根錯節淤泥中，固柢長生道亦同；外面頭頭甘委曲，內心竅竅自圓通。珠凝華蓋隨風落，子結虛房帶露濃；吩咐採蓮人仔細，莫教驚動主人翁。

陳攖寧按 第二聯，比喻大修行人混俗和光之作用，辭意均佳。第三聯比喻鍊內丹之法象，不及上聯之自然，頗嫌牽强湊拍。蓮花之紅，人眼可見；蓮子之紅，人不能見，何況在半夜裏。余所改者，較爲妥帖，而且合於丹法。華蓋在上，比喻泥丸宮；風比喻呼吸之氣；落者，即所謂「一點落黃庭」也；蓮蓬中間，鬆而且空，故曰「虛房」，人身黃庭部位亦是虛的，莊子云「惟道集虛」，又云「虛室生白」，結丹必在虛處，即是此義；露者，比喻陰符所化之神水，大藥非此則不能凝結；濃者，言其密集濃厚也。黃庭，又名黃房。

蒲團子按 「固柢長生道亦同」，原作「固蒂深淵養不同」，陳攖寧按曰「第二句不妥，必須改正」，遂據老子「是謂深根固柢長生久視之道」之意改之；「子結虛房帶露濃」，原作「子紅丹房半夜紅」，陳攖寧按曰「蓮蓬只可稱蓮房，不能叫做丹房」，遂改之。

懺心文

羣居閉户，靜坐觀心。諸妄全息，幻體非真。坦坦蕩蕩，養虛育神。了無可了，獨露圓明。

跋

二十年前，有某同志，在舊書店購得此書，轉而贈我。當時無暇細看，遂藏於箱中。今日檢出，從頭到尾，讀過五遍，並改正其錯誤，再加以圈點，以便他人之觀覽。

世間各種修鍊書籍，我自十六歲開始閱讀，至今已歷六十年。不論正道、旁門、小法、邪術，過目者將近萬卷。此書可列入正道中，姑且保存。不可因其文辭不好而加以輕視。理論雖有不圓滿處，但於大體無礙者，可姑存其說； 其中過分欠通及附會得太離奇者，皆已修改。

此書講道理處甚多，言口訣處頗少，學者觀之，容易忽略過去。須知凡是上乘有價值的修養書，都注重理論，不談呆板的口訣，因其訣已包含在理論之中。只有中下乘的書，纔侈談法訣，學者依法做去，每每無效，甚至於弄出病來，是皆不明原理之咎也。

此書將儒家之易經、佛家之楞嚴經、道家之老莊哲學、仙家之鍊丹工夫融合在一處，而提出其共同要旨，以開示學人，等於畫龍點睛，比較中下兩乘的死口訣高出百倍。後之學者，若肯用心研究，徹底了解，則生死大事已不成問題。惜乎原書文辭尚欠修飾，鈔寫又多筆誤，而且句逗不清，使讀者莫明其妙。余不得而已，破費幾日工夫，徹底刪改，並加圈點，方能卒讀。惟讀者平素對於易經、佛經及道德、南華諸經雖未能深入，亦須粗知大義，再讀此書，方能參悟玄機，實修實證。否則，不免味同嚼蠟矣。世間俗學，尚要費數十載工夫研究，何況出世間性命之學，沒有三教經典作基礎，竟欲憑空建立樓閣，豈非夢想乎？

著道書是一件困難的事，明道法的人，大半不會做文章；會做文章的人，又不懂修鍊之法。因此世間道書雖多，可以使人信仰者很少。余當初得此書時，嫌其文辭不佳，讀未終卷，即束之高閣，亦不識其中好處何在。近日檢出，本擬拋棄，偶爾發現書中有幾句精義，遂耐心從頭到尾細讀一遍，方知其真價值。經余刪改之後，雖未臻十分完善，已大概可觀。否則幾乎埋沒矣。

一九五五年農曆乙未年二月十六日攖寧子補訂

原本爲手寫本，陳攖寧刪訂，完成於一九五五年

法藏總抄

清虛洞天侍者潛虛子陸　編
陳攖寧　刪訂

開篇語

此書乃明朝陸西星先生字長庚道號潛虛子者所筆錄，書中雜記本人及二友當日遇仙傳授道法之事實，前後共二十餘年，爲仙學中罕見之秘籍，向不刊行於世，僅少數好道同志抄有副本，珍作枕中鴻寶，不肯輕以示人。

清光緒年間，余即聞世間有此書鈔本，奈遍訪無着。民國九年，與黃邃之君談及此事，據云伊曾見過，惜大半遺忘，僅將伊往日所摘鈔之廿幾頁示我。數年後，又得見鄭鼎丞君行篋中攜有此書，亟假一觀，較黃君所抄多出兩倍，遂匆匆摘錄其精要，但以環境欠安，未遑研究。今偶然獲得另一鈔本，大覺快慰，於是互相對勘，雖彼此詳略不同，正好補其所缺，校其所誤，俾成完璧。

唐高象先金丹歌云：「叔通從事魏伯陽，相將笑入無何鄉；準連山作參同契，留爲萬古丹經王。」**陳攖寧頂批** 叔通，淳于叔通，東漢會稽人；從事，徐景休，東漢青州從事；魏伯陽，浙省上虞人。皆在東漢桓帝時。可知參同契在仙學上之價值。古今所有參同契註解，余讀過四十餘種，應推潛虛子之測疏、口義兩種爲最善。前於陸者，如真一子彭曉、抱一子陳顯微、全陽子俞琰、上陽子陳觀吾；後於陸者，如知幾子仇兆鰲、存存子陶素耜、悟元子劉一明，以及朱元育、董德寧等，比較著名，然皆遜於陸。何故陸能超越諸家？因其訣出自仙授。欲知仙授之真相，不可不閱此書。潛虛子畢生之學識，大半導源於此。觀其各種著述，洵足稱東派開山而無愧，西派之李涵虛雖努力追步，尚未免落後一程。西派據稱亦呂祖親授，何故不及？蓋與時代背景、地方風氣有關，雖賢者亦未能免俗也。

蒲團子按　另一鈔本中，此段後作一結尾如下：「原鈔本錯誤太多，其顯然可見者，皆改正之；其可疑者，則標誌之，但不輕改；原本所記，有專對陸、姚、趙三人瑣事而發，於鍊養工夫無涉者，則不錄。其中訓誡語，重要者錄之，非重要者不錄。預言亦同。講堪輿風水者全錄，此術目下雖無用，若將來住山擇地，亦可供參攷。地元口訣，亦全錄之，不必隱晦，因此術今日已絕傳，常人見之，不知其義旨何在，且書中亦未將下手法寫出，所記載者皆零碎不成片段，可決其無人能懂。人元口訣，書中雖不多見，但所記者皆扼要語，十分露骨，在方壺外史各種著述中，皆未見有如此直說者，原抄乃其家中珍藏本，永不刊版流行，自無妨礙。余今重抄，難保不出現於世，只得將其刪節之。同時並將原抄付丙。潛虛先生在天之靈當能曲諒愚衷，不責我輕妄違其誡律耳。」

參同契雖以大易、黃老、爐火稱爲三道由一，尚無天地人三元之名。至東晉丹陽諶母所傳銅符鐵券，始有地元九池、人元九鼎、天元秘訣諸名稱，但皆專就爐火一事而言。潛虛子所謂天元、地元，固亦猶是，而人元之義則迥不相同，閱此書者，當先識其命義所在。

吾國各處乩壇多至無數，皆好事者別有作用，非真仙也。或曰：「是靈鬼所憑。」余曰：「果是靈鬼亦佳，只怕人在弄鬼。」故此對於世間流行的各種刊物，凡乩壇傳出者，余皆不屑一顧，獨於此書不能不另眼相看。攷潛虛子最初遇仙，亦是箕降，其後則有形可見，再後則言談舉動與肉體之人無異，斯足貴耳。

此書雖出於陸之手筆，但是將三家所記載者併爲一部。陸、姚、趙三人平日意志各有偏重，因此三家記載詳略不同。陸偏重醫藥、文學，姚偏重符咒、法術，趙偏重風水、人事，皆以諸仙爲師。諸仙雖諄諄勸勉以道爲重，彼等似乎不甚關心，因此常受斥責。忽忽數十年過去，到底止陸一人有成，而姚、趙二人則無聲無臭矣。可知出世之學全在根基，非人人可以造就。其根基不厚而俗習太深者，雖神仙亦無如之何。

原稿既是彙集成編，故各種法門、各樣問答、各式訓誡雜厠並列，極不一致。後之學者復各有所好，皆擇其合意者錄之，其不合意者則棄之。因此世間轉抄諸本亦詳略互異。我自己對於此書，尚且有取有捨，當不能怪他人矣。

余偏重丹道，故於原書中地元、人元之口訣錄之最詳。凡有奇特事跡之表現，爲今世所罕見者，亦不捨棄。諸仙預言，日後有應驗者錄之，其不載應驗與否者則不錄；關於三人身家俗務之問答亦不錄；至於醫藥、詩文，僅錄其十分之一；符咒、法術等不錄；風水、望氣諸說全錄，但嫌其多佔篇幅，故不入於本册之內。

三元丹法，理雖同而事不同。天元、地元完全是唯物的，人元則半屬心而半屬物。天元、地元雖皆是物質變化，但亦有分別。地元丹法不過要將頑質鍊成靈質，而天元丹法却要從虛空中生出物質，兩種程度，自判高低。天元從晉朝以後即中斷，惟明初張三丰在在雲南山中鍊過，此外則無所聞。地元歷代相傳不絕，明清兩朝頗有能者，民國以來頓形寂寞。人元丹法，世間好此者雖多，對於參同契全然不懂。一般江湖方士，都把旁門僞術冒充正道，以愚弄淺識之徒。自從孫教鸞派之金丹真傳出現於世，人元丹法就此蒙垢含冤。其尤後來濟一子傅金銓輩，復推波助瀾，搜集許多鄙陋之作，刊版流通，名譽更加敗壞。其尤劣者，雖孫、傅之說亦不了解，居然著書行世，胡言亂語，忝爲明師，實堪悲憫。諺云：「百貨中百客。」只怪顧客眼力太差，認識不清，喜購僞貨，不能全歸咎於店家之欺騙。有些店主自己根本就不識貨，亦由他處販買而來，未必都是有心愚弄顧客，因此於仙學上造成今日之局面。

余編輯此書，有幾層用意：一者，使少數同志覺悟此事非易，不是僥倖能够成功，以陸潛虛先生之學識程度，尚且要費諸仙師二十餘年造就之力，若程度不及陸者，又將如何？宜有自知之明，勿抱過分之望。二者，世人每將成仙了道混爲一談，頗嫌儱侗。蓋道忌着相，而仙貴有形，宗旨原自不同。專門於清淨無爲，未嘗不可了道，但決不能成仙。欲學仙者，必從鍊丹始。因人的肉體屬於物質範圍，徒恃精神作用，其效力有限，結局無非拋棄肉體而去，不能使凡體變爲仙體。所謂丹者，都是物質的變化，用彼靈妙物質改造此笨濁物質，故有實效可期。此書於地元、人元兩種丹法記錄甚詳，足爲仙學留一線光明，以俟後之賢者。三者，凡事有真即有僞，真者日少，僞者日多，不僅丹法如此，雖仙跡亦然。惟吾人不可因噎廢食，真僞不分，而將其一概抹煞，故錄此書以存真相。

或疑：「此書記載之仙和近世所謂乩仙者，安知非一丘之貉？」今特比較其不同之點如下：箕是自動，不需人扶，一切言辭，皆甚超脫，近世乩筆皆由人手執乩而寫，言辭庸俗。忽然現形，大眾共見，談笑舉動，與人無殊，近世乩仙未聞有如此本領。內外丹法，徹底貫通，凡所開示，深入顯出，近世乩仙對於丹經名詞尚且不知，何況義理？蒲團對坐，臥榻掀髯，掬藥過手，舞袖作歌，捧觴祝壽，執筆題詩，指月講道，乘舟同遊，呵氣乾汞，村店共飲，無一而非奇特，近世乩仙能之乎？

或疑潛虛子故弄狡獪，以聳人聽聞。余謂不然。凡是一種文字，作者既費許多心力，皆惟恐其書埋没不傳。獨此書乃其家藏稿本，曾發誓言，永不流行於世。數百年來，僅有極少之轉鈔本，在二三同志手中，亦復謹守秘密，不肯輕易示人，何聳聽之有？我今日所抄，仍不敢違其誡律，既不公開，更不借出。

陸長庚先生著述年月攷

陳攖寧

先生名西星，道號潛虛子。

金丹就正篇，嘉靖四十三年甲子歲十二月本年先生世壽四十五歲；

老子玄覽，嘉靖四十五年丙寅歲閏十月；

陰符經測疏，隆慶元年丁卯歲三月；

玄膚論，隆慶元年丁卯歲九月；

參同契測疏，隆慶三年己巳歲九月本年先生世壽五十；

金丹大旨圖，隆慶四年庚午歲十二月；

七破論，隆慶四年庚午歲十二月；

吕祖百字碑註，隆慶五年辛未歲五月；

邱長春青天歌註，隆慶五年辛未歲五月；

心印妙經註，隆慶五年辛未歲五月；

參同契口義，萬曆元年癸亥仲夏；

南華副墨，起草於萬曆四年丙子歲六月，脱稿於萬曆六年戊寅歲八月本年先生五十九歲；
入藥鏡註，無攷；
悟真篇小序，無攷；
金丹四百字註，無攷；
金液還丹印證詩註，無攷；
楞嚴述旨，待攷；
楞伽述旨，待攷；
道緣匯錄，未完稿。

三藏真詮序

蒲團子按 一本作「自序」。

此序爲潛虛子所作。潛虛子，明嘉靖、萬曆年間人，姓陸，名西星，字長庚。本篇作於嘉靖丙寅，距今歲丙戌三百八十一年。——攖寧識。

「三藏」之名與佛教相混，宜改用他名爲妥。

玄元大道，陶鑄萬物，天地日星，山河動植，皆形象之糟粕。其精粹純和，靈明洞豁，不屬有無，不落方體者，鍾爲帝聖仙真，於以斡旋陰陽，主宰造化。三清之境，彌羅之天，蓬瀛閬風之上，若人居之，可望而不可攀，歸乎邈哉！達者則信，衆人疑焉。

昔漢武雄才，卒爲方士所惑，白首無驗，慨爾歎曰：「天下豈有神仙？」傷哉志乎！天下未嘗無仙，奈帝勿識何？**蒲團子按** 另一鈔本無「奈」字；何，另本作「耳」。帝左右執戟爲郎者誰耶？**寧按** 東方朔是否真仙，尚有疑問。

夫神仙之事，以玩世爲適，以度世爲功，故常不遠於人。**蒲團子按** 另本無「夫」字；事，另本作「道」；常，另本作「嘗」。大抵誠至者格，緣熟者遇，道合者親，行滿者度。**蒲團子按** 「大抵誠至者格」，另本作「閻浮之間，奚尠奇者，大都精誠者格。」師之得徒，方諸徒之得師，同一快慰。古今皆然，不可誣也。星謭陋，於道罔聞，爰自丁未之秋，偶以因緣遭際，與**蒲團子按** 另本「與」前有「得」字 四溟姚君同被仙眷，諄諄誨教，多歷年所，援毫紀事，要領則書，積有歲時，溢乎簡帙。**陳攖寧頂批** 丁未，明嘉靖廿六年； 姚名更生，別號太華山人。 其後遵陽趙君亦得同侍師門，參差歲月，各紀所授。**陳攖寧頂批** 趙名栻，字子嚴，別號遵陽子。 **蒲團子按** 亦得，另本作「又以姚君遭際」。 會而觀之，條分榦共，厥旨不殊。三生之遇，誠希覯哉！**陳攖寧頂批** 本編始嘉靖廿六年丁未，終隆慶六年壬申，前後共計廿六年。

星恐世變時移，教湮莫振，乃**蒲團子按** 乃，另本作「爰」 合二家紀載之書，裒而集之，析爲三卷：一曰法藏，記道術丹訣；二曰華藏，記詩文墨跡；三曰論藏，記精理名言。**蒲團子按** 另本無「記道術丹訣」「記詩文墨跡」「記精理名言」諸字，而在「論藏」二字後有「法言道，華言詞，論言道也」諸字。各以手翰輯錄，藏之其家，比之大訓河圖焉。子孫世守，毋褻毋失。**蒲團子按** 「子孫世守，毋褻毋失」，另本作「守是書者，其知秘之」。 法藏則師命甚嚴，永不可示，有盟於天。其盟曰：「寧售乞盜，無示法藏；天監在兹，永矢弗忘。**陳攖寧頂批** 「售」字費解，大意是說即使貧窮到不能生活之時，寧可做乞丐强盜，决不將道法與人交換錢財。」

嘉靖四十五年丙寅閏十月廿一日

陳攖寧頂批 此序與老子玄覽同時所作。

法藏總抄

汪本分人元、地元彙抄，多所遺漏，茲照夏本補抄於此。

此處雙行小字，是原鈔本上所有，不是我加。——攖寧記。

第一卷　清虛洞天侍者潛虛子陸　編

丁未中秋　陳攖寧頂批　明嘉靖廿六年。

陳攖寧頂批　此後共十一行，當是嘉靖廿六年丁未所記。根據後來潛虛子於己巳年滿五十歲推算，本年當是廿八歲。

法祖純陽老師憑懸箕示諭：「爾徒知竭力毛椎，疲神蠹簡，其不爲山水笑者無幾矣。青春客盍喻上乘術。」原註　弟子等屢以文學瀆師，師因發此諭。星輩遂請示修身之道。蒲團子按　另本作「青春客，盍喻上乘術。爾徒播弄文術，窮疲精神，不爲天壤山水笑者無幾矣」。

又諭：「人一身所有者皆是濁氣，純陰也。若能主敬則妄念不起，清氣自生，爲陰中之陽。故易曰：『復其見天地之心。』即是不雜不肆、不貳不僞之真心也。所謂敬，只是在這念頭常惺惺的做去。」原註　吾師以清氣爲陰中之陽，乃内鍊工夫下手要義，初學所必由者。蒲团子按另本作「先足真鉛，後伏真汞。鉛是陰中之陽，以心作，起落用敬。人一身所有者，皆濁氣，皆陰也。若能敬，則思慮不起，清氣自如。故易曰：『復其見天地之心。』夫『復』者，復其本然之心，即是那不雜不肆、不貳不僞之真心也。子能敬，則陰中陽斯有真鉛。（吾師以清氣爲陰中之陽，乃身中内鍊之訣，初授正合語此。）所謂敬，與儒家作聖之敬不同。只是在這個頭常惺惺的做去。」

又諭：「孔子，聖人也；欲行周公之道，聖心也；夢見周公，聖夢也。然則孔子何嘗因做夜間濁氣而昏汨其聖心乎？」**原註** 弟子因慮夜夢昏濁，難以用功，師故答此。按，師體星輩初學，故所論止此，然實爲玉液鍊己功夫喫緊處。惟在當日則亦視作平淡無奇耳。**蒲團子按** 另本作：「然實玉液鍊己之功，不可誣也。」

陳攖寧頂批 此後尚有五句詩歌，略去。——攖寧子記

戊申二月上丁日

海蟾劉仙師降。有詩歌廿二句，略去。戊申，即明嘉靖廿七年。——攖寧。

戊申中秋節

陳攖寧頂批 戊申，明嘉靖廿七年。

上供畢，適姚、趙二君偕至，遂品茶閒話。時月明如晝，姚云：「良宵難遇，不知老師肯惠臨否？」趙云：「吾輩預將問句擬定，庶免臨時慌亂，再受一次斥責。」予意中欲問科

名，姚、趙亦各有所問之事。二鼓後，隔室懸箕劃沙有聲**陳攖寧頂批** 據此可知箕是自動，不是人扶而後動，急趨視，盤中顯出兩圈，知法祖降，眾叩拜肅立。

箕書：「金闕終抛方正科，玉都始應神仙舉。」停筆不動，少頃，續書：「汝等知此二句誰作？」答：「不知。」箕書：「此高真手筆也。一夜西華之夢，千秋閬苑之名，正肇基於此月此日，陸子安得貿貿然？」星無言以對。又書云：「留此二句以待後驗。」星亦不敢再問。姚、趙等所問，另有答示，不載此卷。

寧按 箕書二句，見唐高象先所作金丹歌中。此歌甚長，全首約計二千字，今摘錄數段如下：「前年攘臂趨京輦，曼倩豪狂將自薦；酒酣攬鏡照客容，頓駭潘安鬢華變。長歎拊膺情喪沮，朝槿浮榮已過午；金闕終抛方正科，玉都始應神仙舉。中四句從略。八月十五宵正明，閉關思道心冥冥；豁然四大生虛白，倏爾一靈升太清。中廿四句從略。宇宙誰人識河車，子當親去求西華；西華夫人掌樞紐，便應指與真丹砂。中十句從略。珠璣寶殿森其中，雙童謂是西華宮。宮儀綵仗何昭晰，有女年方十六七；柔髮繽紛垂暮雲，素肌輕淡凝春雪。雙童前宣玉宸旨，送到象先高處士；早題仙籍有仙名，夫人爲說長生理。下有二百句不錄。」

又按 此歌作於唐宣宗大中年間，呂祖當時不過五十餘歲，尚未成道，蓋與高爲同時之人。宋張紫陽悟真篇所謂「夢謁西華到九天，真人授我指玄篇」，即借用此歌中故事。

己酉　陳攖寧頂批　嘉靖廿八年　十二月初五日

師諭：「子以頑稚碌碌，偶遇老夫，雖金紫萬户，曾不可易，反昏昧若醉人然，費我力何多？今來絕日。」**原註**　此後五年中即不再降。　**寧按**　陸先生此時已三十歲，吕祖則以稚子目之。　**蒲團子按**　「絕日」，另本作「絕子」。原註另本作「此諭不記何年，當在己酉以後」。

乙卯　未記月日。　陳攖寧頂批　明嘉靖三十四年。

師降於南村萬柳堂，示曰：「濁淮四流，人不再飽，子等安得兀然高坐以待斃耶？」

原註　庚辛壬癸四年，星衣食奔走，與師契濶。至甲寅而以内艱歸。乙卯復遇師，遂傳地元。是歲，邑大水，民苦饑，師故發此言，以開授丹之端。當日並有飛劍斬邪之異，予輩悚然。

師傳地元丹法畢，遂言：「與子有十年之别，不復來矣。」

師又示：「『用鉛不用鉛，須向鉛中作；若要水銀死，先須死水銀。』地元奥訣，全在此四句之内，子當熟玩而深思之。」

陳攖寧頂批　地元名著金穀歌中一段云：「燕雀不生鳳，狐兔不乳馬；若無真父母，所生都是假。種禾當用粟，無粟穀不生；鍊丹須用寶，無寶丹不成。用鉛不用鉛，須向鉛中作；及至用鉛時，用鉛還是錯。若要水銀死，先須死水銀；水銀若不死，如何死水銀。生熟自相制，相制即通靈。水銀一味無別物，先作肉兮後作骨；骨肉相親齊化真，從此河車任反復。」

乙卯十月廿八日

素野仙降於西禪書舍。星問：「鉛究竟用與不用？」又問：「初鍊時，向何處求得死水銀？」批云：「鉛是凡體，原不可用，起手時不得已而用之，蓋以借假修真；既得真鉛，則凡鉛無用矣。水銀死，砂中汞也；死水銀，水中金也。」星言：「雖明其理，不明其事。」批云：「理既明矣，事當實驗；多次臨爐，自能徹悟。」**原註**　素野仙，姓吳，名長壽，師之弟子也。師初降時，嘗與將命。

乙卯十月廿八日　另本

吳草仙降於西禪書舍。草仙名長壽，號素野真人，師之弟子也。師初降時，即嘗與將命。

乙卯十一月廿八日

素野仙降於西禪書舍作別詩。詩曰：「念爾塵緣重，蓬萊幾百程；彤雲一回首，古寺雪風清。」此詩本不欲錄，後見末二句有言外之意，故補錄之。——攖寧記

又示云：「陸子順修，出酒入詩，簿書進退。雖策名皇朝，而印不斗大。逆修則可位證列仙。」**寧按** 順修者，謂在世間求利祿；逆修者，謂求出世法。**蒲團子按** 另本「皇朝」作「天朝」；「可位证列仙」作「能長駕風雲，驅除魔鬼，亦可列仙」。

「姚子順修，則瑶閣歌喧，風亭棋響，出入關津，衣錦還鄉。雖名震一方，而疾不長步。」**蒲團子按** 另本「閣」作「館」，「震」作「播」。

「顧子逆修，則跡遍四州，魂蕩七寶。雖可出神，竟難了性。」**原註** 後顧君己未之秋來訪金臺，至臨清得風顛之疾而死。高郵、徐、濟、臨清，非四大州乎？七寶，糧船也，糧船有七寶倉；魂蕩，顛也。事有前定，非偶然者。**寧按** 顧君不知爲何許人，前未提及。

乙卯十二月初五日

列仙含真子章降，傳斬三尸咒。咒十二句，不錄；尚有預言數句，亦不錄。——寧。

丙辰二月十五日

周天神降，欲授三五飛步之術。

陳攖寧頂批　丙辰，明嘉靖三十五年；　三五飛步，是南宮一派的法術，較丹道不同。

丙辰三月初一夜

周天神降於憑虛館，言三五飛步之術已奏玄真，白天神執奏以爲不可傳。往返再四，終莫能得。又言，前見天老奏，修真子三千，已有某名。其中可成者近百，揚州一府，三人而已。三月初八日尚有四行，不錄。——寧記。

丙辰十一月二十三日

張天神降，授驅疫符，言已奏允，萬發萬中。

丁巳十一月二十四日 陳攖寧頂批 丁巳，明嘉靖三十六年。

有仙師降於遵陽子宅，留詩歌一首而去。詩曰：「覿面仙翁渾不識，聊憑尺素留鴻跡；夜來西苑一陽生，欲向東窗報消息。無消息，將安適；寥天星滿霜正稀，沉沉待月秋江碧。莫問道人名，須解道人意；意解即相知，徒名如未遇。寶鼎形猶在，華池事已非；試看江上月，何處有烏飛。生涯憐草草，蹉跎空自老；雖多季子金，那似當時好。」陳攖寧頂批

原註 此詩不知何仙所作，眾疑是純陽老師警告趙子者。**寧按** 此詩含有內丹法象，非止警告而已。

呂祖舊作沁園春詞云：「七返還丹，在人先須鍊己待時。正一陽初動，中宵漏永，溫溫鉛鼎，光透簾幃。造化爭馳，虎龍交媾，進火功夫斗牛危。曲江上，看月華瑩淨，有個烏飛。當時自飲刀圭，又誰信無中養就兒。辨水源清濁，木金間隔，不因師指，此事難知。道法玄微，天機深遠，下手速修猶怕遲。蓬萊路，待三千行滿，獨步雲歸。」

丁巳十二月十四日

素野仙降，言：「吾令子等積行，全未能守吾十誡，來日再授誡，賜汝初轉丹。十誡如左：勿洩雖妻子亦不可使知，勿貳，勿貪，勿淫，勿忌，勿嗔，勿愛，勿明，勿傾飲酒不至大醉，勿侈。」**原註** 此條遵陽子記。**寧按** 勿明，不知何意。

庚申 遵陽子記，無月日。 **陳攖寧頂批** 庚申，嘉靖三十九年。

神僧開示數條。

「『慈悲』二字，乃『兹心非心』。子以我見爲心，遂不識慈悲真義。」

「子等性命之學全然未了，如乘堅驅良，面牆無術。徒事雕蟲小技，自謂已洞察毫芒，此何異螢光之燭天，寸木之涉海，多見其不知量也。」此警策語。此處節錄三分之一，其餘從略。——攖寧記。

辛酉 未記月日。 **陳攖寧頂批** 辛酉，明嘉靖四十年。

漢北朝陳太初仙翁降於遵陽子宅。予欲卜居，請示。批曰：「宇宙一足地，四圍方寸間；東園高樹下，獨可耐心閒。」**原註** 予以是年得地於河之濱，其東闢爲大園，建宅於高樹之西，適合仙旨，可見事有前定。 預言八句，節錄四句。——攖寧。

又批：「本是清微骨，却作黄金奴，不學世間第一流，而往來奔走冰雪間，何謬苦若此？精神之用大矣，日夜淬礪瓦礫何爲乎？可惜可惜！」**陳攖寧頂批** 警策語。

甲子年 此爲授道之始，故詳記之。 **陳攖寧頂批** 甲子，明嘉靖四十三年。

法祖純陽老師降於遵陽宅。示予曰：

「子只近道，非云悟道，正傳猶未耳。」

「道不在，何能得？ 道若在，何須參？ 子等皆死心解。」

「道不在顏氏，何謂『卓爾』？ 道若在顏氏，何謂『末由』？」

「子見解過高且偏，把心性都視作無用。學道須要遠妻子恩愛，但應有個妥善的安排，非一走就了。宜先盡人事，後修道業，念頭方得清淨。」

原註 以上皆答予所問各節。 **寧按** 原文頗繁，今節錄三分之一。

方太真仙師降授丹法。 此鈔本關於授丹語太簡略，其詳者不載此本之內，故一概不錄。——寧記。

方太真仙師降，索書三紙。 **寧按** 此時比懸箕劃沙又進一步，所謂索書幾紙，當然是用毛筆寫，不是用木筆。 此本僅三行，非重要語，知其保守秘密者尚多。 此三行，外人閱之，不知何說，故不錄。

甲子年十二月某日

法祖降，索書共四紙。**寧按** 原文五行，與丹法無關，似是告誡之辭，且多隱語，外人不明，故不錄。潛虛子所作金丹就正篇成於本年本月。

乙丑十二月廿七日 **陳攖寧頂批** 乙丑，明嘉靖四十四年。

昏暮時，法祖純陽老師降，授盟。詞曰：**蒲團子按** 另本作：「昏暮時，純陽老師同悟寂禪師降，其夕授盟，索書二紙（另散見各條）。純陽老師授盟辭如下。」「乙丑歲餘，授道與海陵三子，請予盟山，生死以之，而今而後，不可違也。值日將佐，爲我記心。呂道人書授真舍堂。」**原註** 此條師書。「既盟之後，道共心同。有自私自退自輕者，願師法劍誅之。」**原註** 此條乃師命誓之詞。「堅爾心，清爾性，守爾神，身外生身。」**原註** 此條方師勉勵語。

丙寅年正月 **陳攖寧頂批** 嘉靖四十五年。

素野仙兄傳法祖言，索書三紙。**寧按** 此三條授陸、姚、趙三人，皆是預言，不知將來驗否，故不錄。

周立陽仙長降書。**攖寧按** 閒話不錄。又原註十餘行，錄如左。

原註　立陽周先生乃錢黃谷仙師之高弟，以人元成道於雲南苗土官家。方予修地元時，太真仙師請於黃谷，因得先生爲予輩翼導。先生爽剴英敏，知無不言，洞見肝膽，予輩深賴之，常以不時賜降，報諸真消息。予輩人元之學，得先生啟發者更多，駸駸乎聞所未聞矣。素野仙兄言：「法祖純翁嘗謂：『我與三子相遇二十年來，未曾成段抉破天機，而立陽子以傾蓋之間，頓洩秘要，愛道者不應若此。』二刻妙用，正在此時。此語非爲洩機，乃予迎機而告，法祖知之，諒不予罪也。原註　因舉爐以着几。體。但仙體是何形狀，此處未言。曰：「如此易易。」原註　以上數句，乃立陽語，惜當時匆遽，未能一一授簡，只就所能記憶者錄之，然已十遺八九矣。先生之恩，等諸覆載，中心藏之，何可忘耶。——丙寅年十一月十一日記。寧按　原註所謂十遺八九，未必真是遺忘，口訣實有不能明寫於紙上之苦衷，閱者勿被其瞞過。立陽先生之語，此處記錄太少，今附抄方壺外史玄膚論中一篇於後，以資參證。

陳攖寧頂批　舉爐着几，必須用手；既有手，必有身

抽添論　此篇見玄膚論第十九，字句稍加修改。

或問：「抽鉛添汞之旨可得聞歟？」曰：「予聞之立陽先生云：『得藥歸鼎之後，養以天然真火，緜緜若存，其中抽添變化，皆出自然，如米之炊飯。蓋道則無爲，而神炁自然有所爲，乃造化之妙也。』所謂如米炊飯，厥有深旨，非止喻其易易而已。夫鉛之投汞，譬水之投於米中。水不可以過多，米不可以過少，猶之二八相當也。火力調匀，水漸乾而米漸漲，斯成飯矣。水漸乾，則抽鉛之謂也；米漸長，則添汞之謂也。抽非內減，乃炁入神中而妙合俱融也；添非外益，乃神入炁中而漸以滋長也。由是而胎圓神化，身外生

身，造化之妙，一至於此。要皆自然而然，有莫知其所以然者。若於此而欲求其所以抽、所以添，則涉於有心，而非自然之道矣。所謂自然，亦有精義。師語我曰：『順其自然，非聽其自然。』旨哉言乎。」

九月九日

神師降於予宅，索洪誓，言：

「汝輩須把前面修道日程盡焚棄，當自今日爲始，前面都算不得。何以故？能力行否？能重誓否？」

「寧對刀槍，毋對神誓，誓不易爲也。」

「前師雖有盟，汝輩不曾依得，師能授子道，不能保子操。」

「寧捨道，毋發誓，何以故？神必依誓，依誓則小而戮身，大而滿門灰燼，是欲延生而反致傷生，不如捨道爲得計。」

「作誓務必再思三思，須要大章、親押、歃血爲盟。若有疑念，便當罷休，勿以性命爲兒戲。」

「吾非汝師，是汝師請我來監誓者。」

九月初十日

予輩歃血成誓，神師爲書「天鑒在茲」四字。

九月十二日、十三日

爲予與趙特示二鼎：一池中有聲，一以鉛擲地。又獲一小鼎，池雖裂而不漏。

十月初一日

予曉進香，忽見有一香已先插在前字之上，正中不偏。**寧按** 所謂「前字」，即前次神書「天鑒在茲」四字。此四字當是用黃紙硃書供在香案之上，但不知香如何能插得住，原文未詳。

十月初二日

昏暮時，予方鍊一鼎罷，入養。鍾離太老師降，舞兩袖而歌曰：「天地靈，造化慳；緣未至，要心堅。」如此經行中外，且舞且歌數十遍，席地而坐，命予輩皆列坐。予叩首。止之曰：「莫作虛禮。」因問鉛在哪裏、汞在哪裏云云。**原註** 下見地元彙抄中。太師別後，予輩止火者月餘。**陳攖寧頂批** 崔公入藥鏡中有云：「火候足，莫傷丹；天地靈，造化慳。」但無「緣未至，要心堅」

二句。**又頂批** 此等舉動，必有形體，不知是附在人身上，還是另有一個仙體獨立存在。

十一月十日

復起火，鍊罷，養火。夜得一夢，輾轉寤寐，數次皆同。夢見法祖於酒肆中，偕一友，云是白姓。又一童，云是素野。予拜之，謝其殷勤。時法祖與白師共話，予皆不悉。問予何不聽其言。予答以方拜素野。後二師出門向西去，予拜別，復別素野。**陳攖寧頂批** 此夢兩日後果應驗，真告別矣。**蒲團子按** 另本此後尚有：「明晨以夢境語姚君，姚君言夜夢亦奇。夢入一洞府，見仙真八十餘人，其中惟識法祖。飛霞縹緲，樂韻鏗鏘，有大桃如南瓜狀。諸真食之，談笑甚懽。」

十一月十三日

辰時，法祖降予靜養龕中，命闔門，次命磨墨。少頃，命掃素。予取紙呈師。師命脫去氈氅，棄履入龕，相對趺坐。**陳攖寧頂批** 此亦是有形體。師從容顧予言：「與子邂逅二十年，偶爾因緣，遂成故舊。今觀子志頗精進，足以居道，今年今月今日今時以道授子，與子長別。」予起而跪聽。

師曰：「凡我已往所言，子雖悟，但未徹，今當為子訣破。夫出庚之月云云。」**原註** 下見人元彙抄中。 地元彙抄及人元彙抄，別是兩種鈔本。此册雖有關於地元、人元之說，但不完全。——寧識。

是日未刻，素野仙兄復降予龕中，歌曰：「見雲霧蒼蒼，煙水茫茫，引下蟾宮一段香。」又歌「古寺雪風清」之句。二作皆兄昔日所自製者。予爲焚香即席而問師何以別。兄言：「吾師既別，吾亦須別。」予問何故。兄言：「別了纔是。」又言：「吾師適與子語，後因趙子至，其言未盡者有三，吾爲子轉述之。一者，□□□□，要不畏不忌而解調和；二者，□□□□，要真以相感，靜以待動；三者，地元養砂，毋得簇日云云。」**原註** 下見人元彙抄及地元彙抄。**寧按** 此條原文頗嫌露骨，余不得而已刪去數句，並修改其文字，較爲渾涵。**蒲團子按** 另本陳攖寧頂批「此三條原本所記雖簡略，但已覺露骨。余稍加修飾，較原文頗有不同，庶可免於駭俗。——寧記。」「所改字句，今日覆看，仍覺不妥，無法再改，只得一概取消。——寧再記。」

丁卯隆慶元年正月十四日

燈下，請師，忽有他仙降，索無鋒筆書云：「聞呂祖師言，子輩所傳已悉，其道則是，所行則非，碌碌營謀身家何陋哉？陸子緣尚未，不宜躁進；趙子奪生方，此月與之；姚子誠難處，我教太真給以千金。」**寧按** 奪生方，不知是何方；太真，即方太真仙師，但不知千金如何給法。

正月十七日

鍊罷，燈下，仙師至，命淨墨紙，自書二紙，云：「三子心法頗精，手法未熟，姑且守晦，保却真知。」陳攖寧頂批　此當是用毛筆寫。

是月廿日

燈下，虔請馬師，偕華青囊仙師至。寧按　下八行不錄。

廿七日、廿九日，二月廿五、廿七，三月初三、初四

寧按　此數日皆有仙降，所記皆與三人家屬治病事，約三十餘行，不錄。

三月初四夜

二鼓，師來賜藥，於燈下長談移時。藥以竹箬裹之，中有蛇膠、龍米、土龍，共八味爲末。蛇膠者，蛇所交之漦也；龍米者，龍初起蟄時，所嘘之氣觸物而結；土龍者，深山老蚯蚓也。餘味不言。師命以酒服之。服後，覺汗出，粘而臭，乃骨髓中拔出風毒也。調理三日至七日，慎勿見風，再有丸另賜。陳攖寧頂批　此種情形，必有身體現出，不是箕沙所能爲力。

師言：「學道須教徹骨貧者，謂於一切世味，損之又損，以至於無爲，非貧窮之義也；三人置鼎，可用千金；學道課程要寬緩，但使此心常繫於道，勿令中斷可矣；話多則傷氣，紬繹義相則傷神；凡物春生、夏長、秋苗、冬實，自有時度，若仙緣未熟，師亦

無法提挈而行。」**原註** 以上皆隨問隨答。**陳攖寧按**「學道須教徹骨貧，身中止有一鳌銀。」此二句詩，本是呂祖舊作。「貧」字喻意，已見本條解釋；所謂「一鳌銀」者，蓋指身中之真汞而言。

十二日、十三日、十九日

寧按 此三日皆有仙降，原文記錄有十五行之多，皆是不關重要之語，在陸、姚、趙三人當時或許有用，事過即無用，故不錄。

三月二十日

燈下，華師至，賜丸藥於南城，名「天聖丸」。其藥自手中出，以其手掬授予手中，三次，約三合。以清茶照歲數服之，服畢，再以前末藥汗之。**陳攖寧頂批** 此不是扶乩，到底是憑附凡人之肉體乎？是真仙自己現形乎？

三月二十八日

申刻，二女有邪祟之擾，拜求法祖降。諭曰：「子自治之，不得瀆予，子可行符。」**原註** 予讓姚子。祖曰：「姚子不真。」**原註** 其夜治女患，大著奇勳，斬一邪，碎一邪，明夕復碎一邪。**陳攖寧頂批** 不知是何種邪，更不知斬與碎有何效驗。

三月某日

華師降於南城學前，與予輩言：「今日之遊不亦樂乎？師生相與，貴有誠信，術可授，見亦可常也。」予問：「師能身外有身否？」曰：「當時則不能。然皆夙有仙種，故權託世以度人。世亂則異人出，所謂異人，皆仙種也。」予問當時難遇之事。曰：「吾世緣已盡，正欲假此歸去，凡物業盡尚求自盡，況於人乎？」**陳攖寧頂批** 學前即學宮之前，既不是三人家中，並且不在室內。後四行，不可解。**蒲團子按** 「後四行」即後兩則問答。

四月初三日

更餘，法祖降，書：「性師、華丈偕予三人在此，汝等先參禪，可入禪座，勿使人知。」於時華師復言醫理。**寧按** 以下十八行，言醫理及閒話，不錄。**陳攖寧頂批** 這次當是箕書，未顯出形體。

原註 性師，悟寂禪師也。

四月初六、初八、初十

寧按 此三日皆有仙降，言瑣事，不錄。此三日，原鈔本所載者，共有九行。

四月十三日

燈下，華師降，入禪座中，言：

「諸病之難已者，惟風爲甚。風之來也，由皮毛而肌肉而筋骨，以至於髓；既安其根，復自髓而骨而筋而肉，以達於皮毛。若徒去其枝葉，則本根在內，當春復發；若拔其根，則命傾矣。故此疾雖聖手亦不能一法治。」

「面有遊風者，用白蘿蔔、藕、豆腐同擣爛原註　蔔宜多用，夜間塗其面，肉中紅絡自散，此名三白膏。塗面時先擦去面上油，以手温膏，毋使太寒，恐滯血也。」

「望色者，有形色，謂人原禀赤黑黄白之色；有神色，謂一時情感所現，如怒極則青、火動則赤；有病色，謂因病而有，病愈則退。」寧按　下二行閒話不錄。

四月十四日、十五日

寧按　閒話五行，不錄。

七月十七日、八月廿六日

寧按　藥方不錄。

九月十五日

燈下，有僧降。寧按　說法難懂，共九行，不錄。潛虛子玄膚論作於本月。

九月十八日

法祖判。寧按　四句，不錄。

十月二十日

仙人黄谷子論趙子瘧疾治法。寧按　共八行，不錄。

十一月二十日

向夕，法祖降箕。攖寧按　言各人瑣事，五行，不錄。箕，今寫作「乩」。

十一月廿四日

巳刻，面師於拱極臺。師詠：「雀樓應有約，鐵笛更無聲。」命予輩席地而坐。言多不能悉記，姑述其概。師言：「自與三子往還，諸真側目而視，不見長進，奈何奈何？大抵吾輩相與，尚係世緣，至於仙緣則未熟也。」寧按　下尚有六行言陸、趙二人家事，不錄。凡此書中各條所謂「面」者，皆是對面說話，不是憑箕作書。

師爲予輩邀柳含玄師，論青鳥一段，言：「案山如帶，又如人之兩手，高不宜過頂，太高反見凌逼，如矮人對長人語。賓主遠顧則有情，太近則賓視主人，反使主人無味。水來要易，不要衝；水去要難，不要結。」寧按「青鳥」疑是「青烏」之訛。堪輿家有青烏經。

十二月初五日

入夕，法祖降箕，論姚生喪事。寧按 三行，不錄。

十二月初六日

入夕，含玄柳師降。予計，若面語，地少靜，姑箕識之。寧按 以下皆關於地穴、喪事、修齋等問答語，共有七行，不錄。「若」字，是我所加，原鈔本無。意謂：「假使對面說話，嫌地方不清靜，姑且用箕筆書字相問答耳。」究竟所謂箕者，是人扶，或是自動，亦不得而知。余往年所見另一鈔本所記錄者，明明是懸箕，不用人手扶。

十二月十一日

荆疾劇，有仙逆方。寧按 陸妻多病，常求仙賜方，故有此事。藥方不錄。

十二月十三日

面含師於拱極臺，論風律。陳攖寧頂批 風律，即今人所謂風水。 言：「墳後有陽宅者，名曰『畫下回春』，亦利陽宅。寧按 「墳」字是我改的，原本是「葬」字。 蓋陽不得陰則不生，陰不得陽則不煖。葬法：一棺，則以一線居一棺之中；兩棺，則以中線居兩棺之中。然又當占陰一線，蓋陰不足則陽有餘也。如一棺，則占左一線；兩棺，則左右一線。眠弓案，兩頭起者，爲有生氣，若偏欹則無用矣。一案三美，謂外而弓案彎圓，內而本案亦然，則中之水案不言而美可知。裁成琢削者，未免洩氣，非美也。凡葬棺，丁樣者不妙，因合其前則後開，合其後則前不合。向後開者，多使子孫夫婦兄弟不相得也。葬法，陰陽饒減，具論如前，陽占陰時，仍令先陰一步。陳攖寧頂批 陽謂陽宅，陰謂墳墓。 自陰論之，則青龍前導；自陽論之，則白虎低隨，故爲兩利。」予問：「一陽二陰何如？」答：「陽居其中，亦令先居一步，但貴所生者得穴耳。陳攖寧頂批 「穴」字疑是「氣」字之誤。但「穴」字亦可用。 無出者，自已先絕，得氣何用？禍福有關，不可敲動。禍者主入，福者主出，如人有隱禍於此，一被說破，則官司口舌立至矣。」下尚有四行，不錄。——寧記。

十二月二十日

入夕，法祖命素野仙兄從容對語陳攖寧頂批　若是扶乩，則不是從容對語，因之請含師。師遣玉童來報，與論風律甚悉。趙問「水衝城脚」。答：「曲而來者曰『衝』；直而來者曰『射』；源頭遠遠而來，之玄盤曲而聚於明堂者，曰『水聚天心』。陳攖寧頂批　之玄盤曲者，言水來盤旋曲折，如「之」字、「玄」字的形狀。水之聚不宜死，須要塘大而圓，使水有旋轉方妙；水死則子孫愚鈍。流有波紋，文章之象也。前案有獅象形者，衝射則獸走；瓶形，左右斜射者，名曰『插花』，反爲合局。凡有案，須看靠山，如人之椅靠。山不在本身，本身後有宅舍，只如人着棉絮耳。書有青囊經、穿地錦、白虎玉髓經。」兄自言名「玉爐」，因爲結信。寧按　結信者，請仙之信號也，似符非符，似字非字，等於世人之畫押簽名。每仙皆有，但各自不同。

十二月廿二日

未刻，含師親爲點穴。寧按　葬墳點穴，乃世間俗事，神仙何必過問？此書所記載許多仙人，尚未能免俗。時玉兄先至。

十二月廿七日

面含師於拱極臺，再論風水。言：「葬只貴得地得穴，年時之利不重。生者專以生者爲言，如生者謝世以後，此地不相關矣，方向亦不重；死者專以死者爲言，如酉生之亡，終無丙向矣。此去根本而論枝葉也。選擇盡合，固爲全美，一或不然，寧捨善地乎？**陳攖寧頂批** 選擇，謂選擇年月日時，不是選擇地穴。」趙問迎水。答：「迎水有抹裙、掀裙之異，抹裙謂少避也。」

十二月廿八日

燈下，予方有祀事，忽法祖闔門而至，入予座，命呼趙生於沈氏，從容謂：「子輩志不堅，故行不力。子之志道，不若吾眷子之志篤也。」**陳攖寧頂批** 不是扶乩，又是忽然現形。予謝過，因問：「身中造化覺有蘇散處，何也？」答：「關節不緊，故氣散漫；若關節緊，則如銅牆鐵壁，其中只有一線之路可以通行。子之氣，不可謂非水，但有土沫耳。因雜於後天也。」**陳攖寧頂批** 「雜」字是我所改，原鈔本是「離」字。

師候不來而去，親筆手書「星懸白日」於首頁。**陳攖寧頂批** 不是扶乩。

——隆慶元年十二月二十八日夕

法藏總抄

第二卷 清虛洞天侍者陸　錄稿 **陳攖寧頂批** 「侍」字在原鈔本上是「傳」字，定誤。

隆慶二年，歲在戊辰，正月初五日

面玉爐仙兄於拱極臺。

陳攖寧頂批　此十五行皆論風水。

論水衝城脚。謂：「地形勢天成，中有穴可尋，然後可言衝城。若地散漫而不成形勢，則非城矣。」

論迎水。謂：「此地土不勝水，迎水而葬者，十敗八九。水遠遠望穴而來者，名爲『走迎』『遠迎』；灣灣抱穴而流者，名爲『坐迎』『正迎』。走迎遠迎，有似有情而實無情者，蓋源頭之來，其始貴疾；及其望穴而來，則又宜緩。譬如賓之投主，方其發足時，急趨數步，此其情急於見主也；及其遠遠望見主人，又宜緩步徐行，方爲有情。若行太疾，則是遠奔他人矣。迎水之妙，有如此者。」

予問迎水有掀裙、抹裙之異。答：「掀裙則凶，抹裙則吉，然又有掀陽、掀陰之異。掀陰則女奔，掀陽則男淫。掀陰者，水自青龍而繞於右，迎而向左，則水掀裙而過；抄而向右，則水抹裙而過。掀陽者，水自西來也。**原註** 掀裙，前面應速，後面應緩；抹裙，前面應緩，後面應速。走迎不若坐迎，然相近而逼視，又不若遠望而有情。祖塋居西，而別塋於東北者，謂之白虎射胸，其凶立至，蓋白虎乃一氣也。**陳攖寧頂批** 一氣者，謂同一血統關係。若異姓則不妨。**原註** 此地水不是炎，絕無而僅有者，斯可炎也。如南人喜山肴，北人喜海錯之類。**寧按** 「炎」字不知何義。」

二十八日新春日

將夕，予與姚兄治拱極臺。予方在樓上，姚在樓下見一女子，年可十三四，叩西門而進，手持一盒，中有物，青白色，如萄又如蛋。**陳攖寧頂批** 蛋，原鈔本作「旦」。過樓下東行，至門時，門方閉，女置盒於地，姚啟門而出之。姚謂予曰：「若時而有若人者乎？」予輩初不之異也。玉兄云：「此爲法祖行試，盒中乃桃也。」蓋法祖化現也。予爲蘧然。**原註** 後法祖亦與予輩言，試不過。**寧按** 此事不合情理。陸、姚等，早已心悅誠服，十分信仰祖師，何必再試？

二月初八日

玉爐兄面於於拱極臺。傾之，柳含玄師降，論龍虎是理，非實象，龍虎俱要馴伏。譬如人之臂，順而向內則爲馴而有情，向外則反是，高則爲昂首。予謂：「龍虎只是論陰陽左右。」師曰：「然。吉凶者，陰陽舒慘之氣也，向內而昂者，不若向外。龍昂差可，虎昂禍速。」趙問沙。師曰：「沙是形，龍虎是理；沙是死的，龍虎是活的。此地乃膠泥合土，不可論沙。沙非田，亦非灘。」**陳攖寧頂批** 此七行，論風水。

二月十三日

面玉爐仙兄於八里鋪之村舍，進酒。予問：「仙家有酒，誰造之乎？」兄曰：「吾。」從容與話家常。**陳攖寧頂批** 更不是扶乩，必有身體。兄曰：「仙家之酒，又自有打供。其酒百穀、菱米、葡萄、枝元皆可造。」予問：「何人打供？」曰：「有性靈者，有物靈者。性靈者如靈鬼，物靈者如海中龍神。仙品之高級者，諸靈爲之打供，無供者皆能自造，但用和氣自釀，不似人間之用麯蘖。」

予問：「神仙日月與世同乎？」曰：「焉能異？」予問：「『洞中方七日，世上已千年』，何說？」曰：「此言仙境閒適，一日已勝千年。」予謂：「人有歸家不見妻孥，惟見後代孫曾者，何說？」曰：「皆好事者謬論也。」予問：「『爛柯』之事，一局方終，斧柯已爛，年時不久而能之乎？」曰：「仙家洞天，皆陽明氣盛，朽樹枯莖，見陽而化，又何疑焉？」

予問：「丹丘晝夜明澈，信乎？」曰：「丹丘者，神仙之都會也，諸真各有身光，彼此照映數百步外，常如明晝。諸洞天日月皆與世同，但陽明氣盛，故厲風雨雪皆不能至。寧按 此下六句嫌贅，不錄。洞中灝氣，非仙家法力所致，一自然耳。」

問：「夜間睡否？」曰：「有時打和性靈，如打坐之意，非睡也。世人之睡，乃睡來尋人，神仙則以人尋睡。神仙作用，與世人不殊，亦以玩世爲樂。」

予問：「仙亦周遊四天下乎？」曰：「雖能周遊，終是留連故舊。如公等三人，非不能廣交四海，但三人終是氣味相投。」

予問佛。兄曰：「佛不打應，神仙與世未能相忘，佛無情也。人呼佛則不應，神爲應之。」

此時兄在道中，徒行而語。登小舟，至趙瑩，曰：「君可遠避，恐土神迎接，吾須問之。」登岸各便，兄自詣墩所，頃之回，謂予曰：「汝將謂此地無神乎？」適墩主相迓，祝仙師無敗某地，因言：「地下尚有千金殉葬。」攖寧按 此條所記更爲奇怪予問：「何以知之？」曰：「觀其土皮細膩，如有殼然，知其有寶也。」論水：「官河之水，雖可迎取，然彼乃公水，不若私水之情專。水之分支，亦依地勢，各指示之。趙塋作月池引水，玄武西注而南，使人月對。月池如三庚之月，過宮而至，東形削弱可培。」予問：「掀裙水主男女多淫，但人家男女亦有不盡然者，何故？」曰：「此又與命理相符。譬如人家造酒，量大者飲去。」**陳攖寧頂批** 此數行論風水。

二月十五日

卯時二刻，法祖偕柳師降。書「謹身苦志」，賜一符，以黃絹囊之，懸於臥榻。結信。以每月十六日，至五月止。因命華、柳二師各結信。再命予輩：「今日拜柳師，從此當謹執弟子之禮。若授之不盡，師決不爲。傳而不爲習，責在汝等。晚間可會柳師，吾不來矣。」是夕柳師面於拱極樓，結信。**寧按** 結信者，指請仙之符信。各仙皆有，每仙不同。

二月十九日

面玉爐兄於拱極樓，言房田事。**原註** 此後契澗月餘，謂以觀場致咎。 **陳攖寧頂批** 不是扶箕。

二月廿七日

午刻，玉爐兄箕降，言鍾離太師三月十五日降。忽天目掌教孟祖至，約太陽日酌酒獻花，面於樓，別有所授。**原註** 太陽日，九日也。 **陳攖寧頂批** 箕降是憑乩而寫，與面談不同。

三月初九日

巳時三刻，孟太老師降。先日出時，予輩恭伺於樓，忽玉爐兄至，言前爲太師攜去，侍班三日，今尚未放回，適所發牌，乃巳三刻。至期，兄又至，命掃除四壁，設蒲團。俄爾太師降，予輩拜列跪左右。太師言語甚多，大意責予輩，而兼責羣真。時羣真侍旁，太師命予輩分拜之。**陳攖寧頂批** 羣真有形體乎？無形體乎？如此條所記，則儼然以身示現矣。太師稱法祖爲純真，而稱羣真爲諸侶。尊嚴之下，辭多不能悉記，姑記數語，乃太師反覆爲予解說者。

「吾聞基仙以緣，升仙以德。絳宮不淨，神不能享，裳衣不潔，花香不飛，招鶴以薰，餌龍以珠。」大意是說，必齋明盛服，然後可以上接仙真，非可如是苟簡。因問予輩何所祈請。予言：「弟子輩愚昧無知，偶以因緣遭際，得遇法祖呂公，拳拳接引，大道之要，略見一斑。但以功行淺薄，竊惟醫可濟世，而堪輿之學利益存亡，素所慕向，蒙華、柳二師許以相授，倘可因以積行，緣此超入法門。惟吾太祖師垂慈寬宥，俯受祈請。」原註 言訖叩頭。太師顧左右，命二師各盡其術。但炎於精，因爲結信。陳攖寧頂批 「但炎於精」四字不可解，恐有訛誤。且令諸真各觀結信，凡有仙會，酌酒獻花，齋戒明潔，隨意召請。予啟：「堪輿之學，非一會可了。」復結五信，命召玉爐。陳攖寧頂批 玉爐，即書中所稱「玉兄」者是。

三月十五日

用孟太師信，召請鍾、呂、華、柳四仙師俱至。予輩再稽首，命予輩跏趺而坐。鍾離太師中坐，呂、柳左侍，華右侍坐。鍾太師是日色甚怡悅，言多婉切，不能悉記。大意謂：「汝等用孟太師信，非算。陳攖寧頂批 非算者，意謂不是好的辦法。當時何不思之，吾輩各有符信，子可持以請吾輩。若不至，必有使報。此是私會，大眾未必知也。今用孟太師信召，吾輩雖在大會中，只得辭而赴召，是子輩爲十手十目所指視矣。且持太師命而召我，子輩心必不安，精神焉能翕聚？太師之信有盡，而子輩之學無窮，如丹道、風律、藥餌，皆非一時一言可悉。多言之，汝不能記；少言之，則不足以發揮玄奧。子何不慮及此耶？此事姑徐圖之。後數日，玉爐消息之。」寧按 末句意謂，一切可由玉爐傳達。

陳攖寧頂批 有人說此書所記各種情狀，既非扶乩，當是憑附在凡人身上，纔可能和諸弟子對面談話。余思附體對談，亦不容易。一人之肉體只能爲一仙所借用，此日四仙同至，必須要預備四個凡人的身體，方够分配。同時未必就能覓到許多合用之人。若無論何人肉體，隨便借用，一附就上，則諸仙的神通，確實不小。但仙家所鍊者是陽神，不是陰神，本來可以現形，毋須要憑藉人體。我對於附體之說不能無疑。

三月廿一日

用孟太師信召玉爐兄。

論風律。一客居，二內堂。客居者，謂淺攢；內堂者，謂深葬。客居要氣上升，當在春；內堂氣須蘊斂，當在冬。春則氣浮，冬則氣沉，葬者各乘其氣。因言華師醫道，與此理同。華師曾言：「膏藥只可用於春夏，春夏氣舒，故肌膚疏，藥力可達；冬則脂膏凝沍而氣縮緊，藥力難透。」

論看地。當於無中求有，虛裏討實，斯足貴矣。處處有穴，則處處皆非；一樹之花齊開，則無大朵。

論望氣。凡觀旺氣，須遠望之，宜在數里之外。若建都立邑，則在百里外望之。又當於日始出時。殺氣者，上下不一，其氣尖勁；厲氣者，憤懣而起，如蒸籠初起之狀，憤懣者氣之力也，灰雜不明者氣之象也；和氣者，團融蘊結，其色若黃，其狀成團；祥氣者，從上而罩，如傘蓋，純金色，乃上下和氣相應，若潮汐然，所謂「和氣致祥」也，但可暫而不可久；福氣者，渾厚濃重，渾然一色。凡氣明朗者上，黑暗者不佳。有食氣者，乃煙火之氣；有雜氣者，如樹林之茂密、禽鳥之喧鬧、屋宇之鮮美、族居之繁眾、人畜牛馬所積之污穢，皆可發氣。

孟太祖是周朝人。

四月十四日

法祖呂師聖誕，予輩上供畢，忽有仙面降，東向趺坐，命予輩北向趺坐。言愛此樓頗靜，可以長語。去少刻，復降，坐艮方，命予輩分坐乾巽，促膝而語，多不悉記。大意謂：「上乘實悟，乃無所因襲，獨契本體，若自見解來者，終是障礙，必須徹底脫去。」

神僧降，論風律。謂：「五星俱有轉換互變。如木城直撞，若斜蓄而為圓塘，是木變金也。此金如在鎔之金，傾出溜頭，正有力而可用。故對此塘而扦之，乃取變金，不取正木。若木直衝而為塘，則不可用矣。水之直行者回頭，則灣處可扦。」趙問：「明堂見一水斜流，居官退職。」師言：「如已立祖而居官，是有徵應了；若因退職而遷祖，又恐拔斷福根。故不可捨已然之徵應，而信未然之福澤。若別遷父塋，則不可用斜水耳。」趙問：「東宮竄過西宮，長房敗絕。」因舉某塋案山。師云：「如以案山而言，則東弱西强，虎强於龍也，破敗則有之，絕嗣乃本地死敗之氣所致，未可全責案山也。」**原批注** 東宮沙竄西宮，而西宮水却抱東宮，此又合妙。

因論此地之水。大抵散漫世情，所以人家多不悠久。明堂之水如金，乃指高阜之地而言，即如硯須有池。若此地四圍俱水，不必復開明堂，譬如硯石，四圍有低凹處，皆可蓄水，自毋須鑿池矣。

水有緩急。合流，則急者居下，緩者居上。夾行，則緩急相並，須於風靜時，浮以毳毛，着河邊而行者急也，法當避其急。如長河委曲而下，則狹者必急，寬者必緩，直者必急，委者必緩。法當於緩處而扦之，則剛柔之義得矣。

橋梁鎖水，有神鎖者，大木橫拖，人行其上，界斷流水；有形鎖者，甃以磚石，隘其中流，使不疾馳；有氣鎖者，支其左右，使有分洩，牽制盛流。皆不得已而用之。譬如衣重甲而當射，雖不能傷，非全策也。土形要堅實、黃潤、細滑，水性要看有情無情。望氣似有似無，以神遇而不以目遇。**寧按** 中有數行節去。

四月廿四日

面玉兄於拱極樓，論風律。

凡土國木城，俱作橫論，山城俱作直論。橫者，經南經北，東西而長者，死木也，法當棄之。**陳攖寧頂批**　兩「木」字疑爲「水」之誤。

凡地之受炁，皆自左而轉右。左爲陽、爲剛、爲生，右爲陰、爲柔、爲死。凡見岡之中隆而急來者，此陽也、剛也、形之生也。然動極則歸陰，故形生而氣死，法當避之。而就其轉而之右者，乃形死氣生之地。葬乘生氣，故法當扦右。氣之轉，皆自邊行，若遷於中，則無氣矣。左右俱隆者，法遷於心。**陳攖寧頂批**　兩「遷」字，疑是「扦」字之誤。左隆而中平者，氣之緩也，法就左而扦其中穴。急中取緩，緩中取急，不可一概論。

土國之受炁也，自前而後，自首而尾，法宜天穴，而扦其前；山城之受炁也，自下而上，自足而首，法宜地穴，而扦其麓。土國不重祖宗，以其自前而後，爲氣盡之地，故當留餘於子孫；山城重祖宗者，以氣發自平麓，故取穴最宜先得之。

木星無枝葉者，死木也，法當棄之。火星較木而尖，傍有尖峯亂插，火之燄也。凡取穴處，看山抬頭，天有覆，地有載，真穴也。有穴而外無護從，則穴宜棄之；有護從而無穴，則山宜棄之。

凡論五行，像以偏勝，非純性也。偏勝者從其所勝，如木火相類，長而鋭，則鋭勝，取火城。少鋭而多長，則長勝，取木城。五行互藏，各無純性。一水斜流，自後而前者不妨。如人背後射箭，目所不見，故無驚恐。及至已見，則箭去而不傷己身。若自前來者，人見之常有驚恐，況實有衝射之虞乎？

火城，水自後合前，則順而吉；自前兩削而後，則吹動火燄，反焚其身。土星葬尖，從所生也，亦看前擁後托如何。不然，子孫削矣。

論金囚於東。金堅剛之物，惟火能制之。而以爲所生之祖宗，則無能制之者。惟逢木而缺折，是囚於東也，亦柔能制剛之義。

論廢於父母。返於元胎，則化而爲炁，歸藏不出，非廢而何？此二論皆予輩所不能辨者，得兄論豁然。天人之學，豈凡情所能測哉！

戊辰年六月廿三日、七月初二日、七月十一日、七月十四日

寧按　共略去十六行不錄，只錄下文。

太師去而玉兄至，因各即席趺坐。予問：「風律分形、情、氣、法四段？」兄曰：「不

如吾所謂『性』『情』『形』『體』四字。性，内也；情，外也；形，動也；體，靜也。性不可見，因故而見，如土色之明潤，草木之蕃鮮，乃已然之故，因以知其土性，此一定之驗也；情則如前所論氣然；形則活動不常，如山水之迴還，星辰之轉換，皆在其中；體則一定不移。四者俱全，方爲盡美。地有性而無情者，遠而望之，或其氣已洩而不存，或其氣閉結而不達。三者皆可類推而知。」

補錄七月十一日

面玉兄於拱極樓，與遵陽爲壽。兄先奉酒於法祖，既酌酒飲趙，既命予二人酌酒奉趙畢，兄乃自飲，以餘酒瀝身後，因坐勉趙，言甚欵洽。大意謂：「君年五十，且幸有子，當自愛重，以膺福履；流光迅速，又廿年則古稀，又廿年則耄耋。人生全壽何可多得？不自奮厲，二十年後，鉛枯汞竭，終歸銷殞。非但君輩無處尋我，我欲索君，將求之於黃泉乎？」寧按　此補錄者，在原鈔本上共占六行半，其餘仍不錄。

十五日

鍾、呂、錢、周諸真俱降。寧按　無要言記載。所謂錢者，錢黃谷也；周者，周立陽也。

七月廿九日

面玉兒於拱極樓。

兒言：「孟太師語諸真，此會不可常，勿使諸子得有所恃，如市兒日日嬉戲，而忘身家之慮，恃乃祖乃父之所積也。若靳而不與，彼將自食其力。」

「真降者，有形、神、氣三者之不同。箕者，神也；入竅者，氣也；可見者，形也。」寧按 此書前後所記載各種情狀，三者皆有，當分別觀之，未能一概而論。

「龍虎如左右手，各隨之所向。一地有一局，與鄰絕不相干。」

「太歲，土神也，宜靜不宜動。取功名反宜向之。若於歲方置產，久之必爲所覆。原註 一室自有一室之歲方，分爲三間，即有三室之歲方。惡神稟一方之氣，即陰陽生殺之氣也。」

予問：「天地好生之謂何？」兒曰：「如是則只有陽而無陰矣。」

予問：「積善之家而或葬凶地，其根如何？」兒曰：「大凶必不能免，小凶則薄其報。」寧按 下尚有六句不錄。

兒前言，偷修乃賊盜之事，非正人所爲。若恃其有解，而故用凶星惡煞，如烏喙狼毒，非不可解，而可嗜之乎？

予問潘言「尺量九星，可得吉穴」。兄言：「審若是，則取穴者以手而不以眼矣。地之有穴，如木之有節，長短不一，非可度量而得。山家年月日時，以日爲主，皆所以輔佐乎穴者。蓋氣之融結者爲穴，方穴之始遷，其氣不免洩漏，必俟培養既久，而後氣固。諸凡取吉者，須盡善全美，而無衝敗之虞。及其氣之即固，則所得者惟氣耳，年月日時勿論也。如蒸麵然，置物須其中正，安籠須其穩當，要歸於得氣成食而已，餘件皆輔佐也。諸前達皆葬於功名富貴之地，三君所知也，今無此佳地可葬，而誰待乎？」寧按 另傳一糜瘡藥方，不錄。

八月初八日

辰刻，玉兄約遊西郭外之山子莊。兄在舟中與予輩論地理之大格局。陳攖寧頂批 小仙偕人郊遊，且乘舟，當然是有身體同去，惜書中未將容貌、衣服、冠履等形狀寫出，不免遺憾。

蝦鬚水，乃兩水自後抱負而前如蝦鬚然。地須有此，方爲結局。又須前一水以界之。如蝦鬚挺直，又是死的。外跳是無情的。皆不必看。蝦鬚二水灣灣前抱，又看陰陽清濁。葬向其陽而清者。如向陽而清，而前案後山，峙不相對，又以山案爲主。

金魚蔭腮之水，自外而入明堂，左右兩分，如魚之飲水，口入腮出。

水自外入明堂，但要有曲之玄，不得衝射。陳攖寧頂批 「要」字我所加，原鈔本無。「之」「玄」二字，形容詞。

所謂大八字、小八字，乃山之分脈也。如人之形然，化生，胸頭也； 項腹，蜂腰鶴膝也； 兩手兩足分開，大小八字也。

八字要活。抱負者，活也； 散垂者，死也。亦如人然。

既知格局，須識簷球。簷在外，球在內。簷，屋簷影落之處； 球，門球影落之處。趨簷湊球，葬法之緩急也。葬法，陽來陰受，陰來陽受。

後山龍嵸高阜如脊而來，至本穴而高者如故，乃陰來也。氣剛則避，趨簷以緩之，此陰來而陽受也。若行至本穴而低垂，此氣之緩也，故湊球以迎之，此陽來而陰作。喻如小兒之吹蘆膜，覺管中之氣不足，則促其膜而短之。陽中用陰，陰中用陽，知此法者，千變萬化，皆不外是。

一山隆起，狀如覆盂，頂中有凹，急於扦穴。此突中窟，陰中陽也。四平之地，中有土泡，乃吉氣凸起，陽中陰也，急宜扦之，要皆不外此簷球之義而引伸之耳。**原註** 仰者爲陽，覆者爲陰。與「男生而伏，女偃其軀」之理相同。蓋男生而伏，陽中有陰故也。女仿此。

凡登地先看死活，然後尋穴。陰陽交者，活也； 或有陰而無陽，或有陽而無陰，或兩有而不交者，皆死也。地，靜也，陰也； 水，動也，陽也。陰陽交則活，不交則死，而陰陽亦自有死活。隱隱隆隆，迢遞而來，有起有伏，如層波疊浪者，陰之活也；後無所托，前無所界，其狀四分五裂，如偃木，如棹面者，陰之死也。涓涓而流，有「之」，有「玄」，灣曲相抱，或汪汪而停，如弓，如月，圓滿渟蓄，或清而如鑑，或細而成紋，陽之活也；汨汨而流，去而不返，或直或跳，與穴無情，或穢或濁，停而不散，陽之死也。夫過水所以止來龍，龍水無情，則陰陽不交，相地者何取焉？大抵造化之理，獨陽不生，獨陰不成，必交而受氣，乃克有濟。然造化生成之理，皆以順受，獨葬法、丹法，則以逆受。蓋龍見水而止，止則氣返，逆而退行，故扦穴以迎之，是謂逆其氣。如丹法陰陽之交，地天泰卦，逆而成丹也。

有山則論山，無山則論水。須知過水止來龍，當觀木節。木遇節處，脈理便不直行，必逆而旋曲，文理環抱。**寧按** 下節去六句不錄。有穴，定有龍虎相抱如虎口者，有穴如掌心者，有穴如指者。**陳攖寧頂批** 虎口者，謂人手大指食指交叉處。穴卑而龍虎高，又露臂不可用。**原註** 龍不宜逼，又不宜散。水貴大停蓄，有洩氣處，迎之無用。蓋氣盛而不可留也，當遠迎其靜。若來多而去少，則可取；去之濶，則無用矣；來雖少而有去，則亦可取，謂其派之遠也。

論候氣。候氣當並觀二地。其地與我遠近相等，無相去懸絕。若懸絕，則遠者有氣，而近者必無，故法當取其等并而觀之，則有無自見。於有氣者端詳而候之，以觀其吉凶。天太晴，日正中，陽光奪氣，不可望也；雨霽後，不可望也；雲陰滃，不可望也。上無日光，下無雲脚，或晨起而望之，目稍眩，則收視而少俟之。大抵望氣非一日可盡，須常常偵之察之，故曰「候氣」。若死而無生氣，則不必用心。

兄別後，少時，約至山子墩論鍾乳垂珠穴。鍾乳者，謂地形所鍾，如婦人之乳；珠者，乳頭也。婦人性命之根，不在乳頭，在乳頭垂下盡處是也。鍾乳之墩，法當觀其乳之狀，其高若何，而覆其蓋頭正在何處，取以爲穴。如屈手指而取穴於掌心然，則得之矣。

真龍如身，榦龍如臂，枝龍如手指。佳者身，次者榦，再次者枝。

八月十一日

予輩祝含師壽於拱極樓。頃之，候玉兄不至。忽有神降，甚武怒，解所懸劍插腰際，遶樓濶步數回，索筆書「密遺問蹤，另日再面」，復懸劍於樑而去。**陳攖寧頂批**　奇怪已極，此或是附在人身。

九月十五日

歸自吳陵，二君省予。**陳攖寧頂批**　二君，或是姚、趙二人。忽錢黃谷師面予於臥榻中，掀予鬚而笑，索筆書「何說何辨，劫當自受，予有密語，月留細說」，擲筆無言而去。

十月廿五日

面黃谷仙師於拱極樓，書「月留乃月盡也。擬初三日誤矣」。師從容就席而語曰：「汝難乃劫數之決不可逃者，且喜過了，只宜順受。」弟子再拜叙心事。師細細爲說修真之要，只孟子「存心養性」四字已道盡了。

存心者，謂將此心藏在這裏，常常照管，常明常覺。以此爲振刷的工夫。性非明覺，與心不同。養與存亦不同，要順其自然，勿忘勿助。古來成佛作祖者，誰能不由此道。地元別有捷徑，俟告法祖再商。

丹法銀鉛相和，俟半靜而養之。別爲銀罐，以灰作底，以風箱鼓火，使其氣上升而採之。採法以鐵圈置罐下，上以架懸之，去火五寸許，爲退火，頃復而養之。超脫亦在此中。鉛半盡，則濁者已退，清者尚存。銀罐灰底則鉛滲於下。雖底火而無上嘔之患。此丹不取傳送，但取朝種暮收而已。

師留約而去。

十二月十四日

予候玉兄於宅，頃之兄至，爲予作讚。讚曰：「知君者誰，君何所負；竹底疏雲，梅梢清露；是耶非耶，云歸何處。」

兄從容而語形骸之累心：「耳目形骸也，悦於聲色而動其心；口鼻形骸也，悦於香味而動其心；聞見形骸也，以聞見之故而障其心；貧賤形骸也，以貧賤之故而役其心。夫形骸每爲吾仇，而吾反以恩報之，何悖哉？知此義則知所以奉吾形骸者，自不必物物而求備矣。」寧按　玉兄是小仙人，偏有許多道學先生語。

十二月十七日

午刻，面黃谷師於拱極樓。寧按　下有六句不錄。

十二月二十日

午刻，面法祖。法祖遣素野仙兄降，書二紙，爲予作讚。寧按　讚詞十句不錄。此讚無甚意味，不及前讚之超脱，故不錄。

己巳年正月初一日

午刻，予與四溟飲罷，忽玉兄面於臥榻前。寧按　下三句閒話不錄。言砂置鼎中，自分硫土，汞乾硫結，皆賴聖母。設鼎口不固，則汞雖去而硫存，真炁有所附麗。」寧按　所謂聖母者，乃外丹爐火中久鍊之剛銀，非人元丹法之聖母。真死砂亦名聖母。予問：「不混濁否？」答：「彼自有清濁。」陳攖寧頂批　己巳，隆慶三年；四溟，即太華山人姚更生。

正月初六日

素野兄自至於樓。寧按　下三行閒話不錄。閒話亦是告誡之意。言養鼎之法。用紅棗取肉，搥極細炭末爲桶，如竹升之貫底者。一桶可足二日，換火。取降火時庶氣不偏冷。養之定用三日。冷極方可開鼎。不然，汞性要返。母氣足，則子母分胎。胎不足，則子猶綴乳上。氣足，則以神相授，分毫不折，縱折亦有補法。超脱法。用熱灰煖套，充塞無間。少有空隙，虛自生風，冷則生濕。一香之後，便可已之，否則靈氣又洩矣。冷極開鼎，是爲瓜熟蒂落，否則汞性終返。

正月初七日

面玉兄於拱極樓。言養鼎三日後，還須用明火一香，汞乾硫墜，積硫兩餘，却用聖母養之。此硫可抱凡硫，轉轉乾汞不窮。

兄言：「陽宅不可如一條衚衕樣，大家起房，并排者不佳，如葫蘆樣可也。」

十五日

元宵之夜，面玉兄於拱極樓。是夕長談移時，秉燭將盡，因得從容再究地元之學。兄言：「金白水清之候，不可用大扇促之，恐致强逼。如人元調鼎未熟，而强取之，其氣必不和暢。須觀其心黑色微淡，而中有清白者，乃氣之動也。於此時促而取之。譬如靛缸撓動，其中必空，而花始泛。中有清白，乃中空也。此時金始浮上。」

予問方師先養後採之法。兄曰：「養之多時大小則後來採取，氣來必緩。但見黑花變爲糝白而小，此時可取之。此法至妙，可授中人。」**陳攖寧頂批**　「大小」二字不可解，「大」字疑是「火」字之誤，但不敢輕改。

予問超脫。兄曰：「此時亦看老嫩。嫩則汞騰，太老則火氣入於母中，亦致猖獗。須審無滓無瑕之後面可止之。**陳攖寧頂批**　「面」字恐誤，疑是「而」字。　歸靜之後，大忌賊風，密糊丹室，不得動手搖。往來閒走，俱可生風。大抵人靜則彼亦靜，相感之道也。」

予問補母之法。兄云：「覺母輕少，則神去也。作池，置母其上，用鉛作穹窿之形，覆母於上；以紫土亦作穹窿之形，覆於鉛上。養之二香，遂以鉛煎之，則母毫釐不損。

養硫，先以聖硫而抱凡硫。多，七日；　次，五日；　少，三日。火須小。凡硫既出，復以聖母養之，其硫與聖硫同功。如硫既抱出子硫，其硫無氣，又復以聖母養之。如此轉制數次，其硫愈靈，一兩可乾汞二兩。此法亦在世間，但聖母不如耳。**寧按**　此法須用有炁之鉛。若無炁之鉛，則不效。余經驗多矣。」

予問人元脱胎神化之事。兄曰：「十月氣完，嬰兒顯相，頂門自開，嬰兒出竅，便覺身外有身。其神忽驚，驚而入竅，便可養之。時時遊戲出入，勿令遠去，俟其壯大，方可拋身。」予問：「壯大須三年九載乎？」兄曰：「只看工夫何如。」又問移神換鼎之說。兄曰：「子處胎中，上下左右，隨其所之，皆自然也。」

「人元之事，舉之甚易，可急爲之，精神攢簇，愈細愈微，其人愈覺懦弱，或者不知，譏其無功。此非酒肉之徒濁體凡軀粗暴可比也。**攖寧按**　中有二行不錄。得氣之後，保護亦當如嬰兒，切不可暴戾，致喪前功。」

兄言：「人間佳節，神仙亦有慶會。洞府中所用器物，皆有形有質，有天然生就者，亦有自造者。」予問：「神仙不食煙火乎？」曰：「降人間則食之，平居則不食。」予問：「僅食菓品乎？」曰：「菓品亦非每日必食，看興致如何耳。」問：「平居作何消遣？」曰：「我等自有功課，非閒居無事者。若貪遊戲，尋快樂，則難求上進矣。前輩尊長，忙於度世，亦不專圖閒散。」問：「既然如此忙碌，豈非仙凡無別？」曰：「忙者自忙，閒者自閒，吾界中亦有終歲逍遥，不管世事者，大概是各人願心不同之故。」

問：「湖廣汪白石、太倉陸子裘，近於仙乎？」兄曰：「魔也。察其言，觀其行，可知矣。此魔喜顯靈異，驚俗駭衆，而不喜人學正道，喜血食而不喜蔬菓，吾輩則異於是。」

問：「佛經所言諸天，信否？天何如此之多？」兄曰：「道理無窮，天亦無窮，悟得一層理，就是進得一重天。」

正月廿四日

予入鍊，夜二鼓，法祖降於本宅。先是玉兄來告，予等肅穆以待。法祖言：「力疾舉事固好。二乘之說，養而後採者，害事不淺，子等胡不悟之？且鍊後而養，其意何居？無非須使先天真一之炁入母腹耳。方其金鉛未升之先，停火養之，此時清氣雖得所養，而不知濁氣亦隨所養而住。清氣與濁氣俱住，是謂理須混淆，天人交雜，焉成聖體？**陳攖寧頂批** 原鈔本批云：「『理須』，似作『理欲』。以下凡用『欲』字處皆以『須』字代之，不知何意。」所以採藥之後，養之既久，其體惺鬆，濁氣迸出，其面多變而爲青黑者，濁鉛之氣也。破鼎敗炁，爲害不淺。法當一乘而取，半香之後，其面已冰，此時養尚未定**攖寧按**「未定」當作「未足」，恐是傳寫之誤，急宜微啟而觀之。原

註　師意命多置鼎者，正不須人啟觀。數鼎中有一鼎合妙，則其餘無用矣。啟觀之法，爲僅有一鼎者言，又爲初學者言。一恐廢時，二須熟眼。

如黃，則久養五香或九香。尚早而面青者，急宜加鍊，再激其升而取之。如氣升已過，未能急採，便當徹而淨之。俟其潔白見寶，而後可鍊，勿謂其有銖兩可積而留之。何者？清濁混淆，留之無用也。夫金體本重，今爲濁氣所壓，所以愈鍊而愈不能升，所謂害事者，職是故耳。啟視之法，已降二乘。五香之後，復啟觀之，如好則不必再養。」予問：「啟視不無栗乎？」**攖寧按**　「栗」字恐是「粟」字之誤。粟者，謂有如粟米之狀也。「粟」字費解，外丹中無此狀。外丹中只有一物可似栗子狀，即獅頭母也。　曰：「微栗無妨，然既降二乘，終非全鼎矣。」予問：「曩者方太真之說，弟子未承面諭，未暇深究，今聞師旨，若相矛盾者何？」曰：「彼所以教養數香，正須欲汝等認取後乘光景，意謂黑花既淡，此時金氣方升，便是程途。然黑花非久養則不可見，所以養之數香者，須欲汝認取黑花也。大抵須欲作正丹，未可如是苟且。吾謂必須百金方可辦事者，蓋以造化之妙，必須天人和氣交應而成，非一鼎可得也。」

師言：「吾授法已盡，無復可語，子勿復疑。吾今日之降，實爲憐子。然與子輩當別，他日直俟肉身相見也。**陳攖寧頂批**　此日既不是肉身，又不是憑乩，究竟是什麼一回事？　舉事，候二月八日黃谷差返，請而行之。」

陳攖寧頂批　此節所論，雖中肯，但尊之爲萬世罕傳，却未必然。——寧識。

正月廿五日

鍊罷一鼎，紫芽微生，採之入養，一香之後，予輩須欲啟視之。忽素野兄面言：「此鼎不必觀，紫芽微動，是謂陰蕊，採之微老。何謂陰蕊？蓋陽生之後，陰便隨之，此時陽已胞胎，落於有質，故謂陰蕊。比之出庚之月，微覺老些。」予因細問，兄以狀示，命予筆之。

「凡佛金臉着體如肉中金，此老也。**原註** 面黃而微有慘色，如堆沙糕樣者，謂之「落地塵」，亦不可用。凡着體如肉上金，此老中嫩也。凡飛揚有神，如醉人酒華，此嫩中老也。飄揚炫燿，載沉載浮，此出庚月也。過，無氣，則白皮皺紋；不及，則青魄在面。」**陳攖寧頂批** 原鈔本批云：「此皆無上真詮，讀者永寶之。」

予問：「何以肉中金爲老？」曰：「老者其氣已升盡而回頭，如箭射力盡而返，故金隱隱於肉中；醉人酒華，酕醄囤酒之狀也；出庚之月，嫩中嫩也；載沉載浮者，生氣發動如疊浪然，又如蒸餅得氣而發，則面子凹凸不齊，若發而過，則其面反平矣。」

予問：「何以只取其嫩？」曰：「先天之炁，渾渾沌沌，無質無形，此無極也。其中一點生機，乃陽動也，爲生天生地生人生物之根，如風之有頭，又如浪之前浪。此機一動，然後生氣隨之，所以愈出而愈不窮。取其嫩者，恐其老而度於後天也。後天則落於形質，而不能生物矣。作丹之法，前只要嫩，後只要老。**陳攖寧頂批** 此二句確是名言。陰蕊之動，陽已胞胎，將向於老，猶爲可用，但落二乘耳。如龍頭已過，而超龍尾。**陳攖寧頂批** 「超」字當是「起」字。不知而棄之，大可惜也。」

予問：「陰蕊是陰氣耶？」曰：「晦朔之間，止有一符陽火，餘者皆謂之陰。如此日中，自午以前，皆可謂之陰，止亥子之間一符，可謂之陽耳。**寧按** 參同契云：「晦朔之間，合符行中。」亦同此理。但彼講人元，此論地元，理雖同而事不同也。神仙家只取先天，故以先天爲陽，餘皆陰。」

兄與予細論鍊丹之訣：「一要得地。古人鍊丹，須名山福地，方可召集和氣。若四面有粗惡之山，則避而不用。蓋丹乃天地和氣所成，其機雖在於我，亦繫於天。二要得人。其人心和氣和，方能感召和氣。外則漱濯口齒，澡浴肢體。衣服飲食之類俱要香潔。丹房四壁，亦要常焚異香。人身爲火逼，自有膩汗透出，此皆不潔之氣，可以觸犯太和，故日宜澡浴蕩滌。三要火和。火之和氣，妙在執巽。**陳攖寧頂批** 巽者，風也。如排火左右不等，風在一邊，則金鉛偏起一角，不能平舉。所以陰蕊既動，而中心猶黑，火之使然也。至於養火調停，全在於人，雖有匠手，亦須三年而後成。」**陳攖寧頂批** 此說可用於天元神丹及地元靈丹，若黃白術則不必如此小題大做。

又言：「鼎之絕妙者，啟爐則異香滿室。」**陳攖寧頂批** 余往日所鍊，只微有香氣，並無異香滿室，大概工夫未到之故。

二月十一日

面玉兄於本宅。

言：「積鉛之法，非謂積而養之，乃自生氣須欲動未動之時，積之於三十六斤，銖兩已足，然後採之。**陳攖寧頂批**　外丹起手，用三十六斤鉛，分九池鍊，每一池用四斤。自晉朝以後，直到明清兩朝，皆如此。正如人元積鉛積汞於平日，而臨爐採藥於半晌。乃法祖始授之訣也。然是法非聖師不能，下此則須降而授之。蓋以地鼎既多，一有敗裂，或臨採之候，先後失宜，則前者所積之功盡棄。**陳攖寧頂批**　「地」字當作「池」字。此聖師所未言者，故今日言之。」

予問：「臨爐之候，其氣如何而得？」曰：「真精頭，真精頭，不打自然投。先天氣，鼎鼎有之，但不若此爲生氣之始。既得之後，急須止火，抛却爐鼎，使耳目清淨，否則恐精神見誘於外，不能專一於內。譬如迎客到家，主人專誠奉陪，須是關鍵門户。若主人精神少不翕聚，則客人又將去矣。」**陳攖寧頂批**　此段作用，與前段不同，非一事。

二月十三日

面黄谷師於本宅，言：「予法已盡授玉爐，任子行之，非所靳也。」

二月十四日

予方入鍊，忽有一祖師飄飄而至。**陳攖寧頂批** 又是怪事，此祖師是神體乎？是肉體乎？ 予不知其人，叩之亦不應，但言：「汝輩大膽幹甚事，一人授之太難，一人授之太易。」命取所鍊母看。予答以「未善，棄之」。曰：「不消棄。」取一小者重一兩七錢，以氣呵之二遍，命入鼎，入汞六錢，三香後，以漸升降，冷定取出，視之，汞盡死。母下時，師先行，昏暮復來，取碎汞稱九分半，用鉛養之，復呵氣鉛上，半度香，煎之，如養母法。時予別鍊一鼎已脱，師命啟視之。出，爲予言養母法。「面紅者，火大也；面黑者，火不適中，或火小；母中鉛炁自出粟者，寒也。」師去而玉兄至，親爲予煎汞九分半，得銀一錢九分。**陳攖寧頂批** 親自動手煎汞，玉兄是神體乎？是肉體乎？

二月廿四日

予入鍊於臺。午後，面玉兄於東廂室。言法仗事：「汝輩三人當齋戒求之，得此法仗，則汝輩左右前後無不如意矣。」

二月廿九日

予方淨一鼎於臺之東厢室，忽太師至，命以蓋蓋之。時鼎已徹而就老。太師命止鍊，約初三日辰時降，別有所授。時趙以家故啟，改十三日辰時。

三月初六日

予往候姚君，與談道理頗多。姚飲予酒而登城，自東城步起，至競渡廟後，因論張陸二地。忽玉兄至，遂與論風律。（**陳攖寧頂批**　此又是路上遇見，是神來乎？肉體來乎？）兄問予曰：「有陽宅人家已興，後忽敗者，其故何居？」予答：「或陰宅不稱，後無積累功德，皆足致敗。」兄曰：「此皆枝葉之言，非風律定法。吾昔日已爲子嚴道之，今復相授。（**陳攖寧頂批**　子嚴，趙遵陽之字也。）此等事皆因堂局小也。如步至人地，觀其前後倚伏包裹止有數重，數世之後便合凋謝。蓋地氣有限，氣盡，則人家福澤隨之盡矣。故登地者，已知其吉，但問居此幾世。如尚未久，便云此地發福；如居此已久，便云此地無用。地一也，而盛衰不同者，氣之未盡或已盡故耳。地氣吉而無人居，雖千年萬年，其地（**陳攖寧頂批**　「地」當作「氣」）猶在。一爲陰陽二宅所奪，則氣洩於二宅矣。洩則會有盡時。譬如有酒一罎，未啟時，數十百年猶是酒也。一啟封，則酒自能醉人。人面日紅，罈酒日減。面紅幾次，其酒盡矣。」予言：「地不得人，猶之混沌未鑿，此屬先天；一得人居，鑿開混沌，便屬後天。後天落於象數，其有成敗盛衰，皆數也。」兄然之。兄與予步至東寺對城而別。陳攖寧頂批　別時如何形狀？是忽然而隱跡乎？抑騰空而去乎？是日所言，皆透當，而意尤懇到。如云：「『朝聞道，夕死樂矣。』聖人恐出語驚人，故止言『可』。可者，僅詞耳。」

三月十三日

辰刻，面玉兄於拱極樓。言太師以趙故大怒，言環視涂年數斷乃絕。寧按　此句不可解，恐有誤字。玉兄爲懇久之。但命以前鍊入養砂，五日再言。先予夙啟玉兄，故自得无咎云。而法仗不可必矣。

三月十七日

面玉兄。開鼎，視砂母毫釐不折。以趙家故，不敢打鼎。原註　三人不齊。兄言會黃谷師，言前養火不久，師命作小磚樣齊鼎身，厚寸一二分，插於三方，炭末稍粗些。漿鼎不用紫土，土亦能受炁。但用米粥細研如糊，厚糊之。此物見火則成灰燼，無可分炁。

砂宜入汞四錢。蓋以母尚有炁，而砂中之汞，見汞則拔。**陳攖寧頂批**　第二個「汞」字，乃活水銀，非砂中所含之汞。

法仗者，祖師之意，或以炁留，或以筆留，乃法之倚仗也。師師俱有。予問：「如此則是事之成否，全在於師，而己不得專，何謂『宇宙在手』？」曰：「此謂事須速成者，非法力保護不可。譬如頃刻開花，須要硫土在根。如待天工自至，則不必用此。」

兄言：「凡人爲學，須要成癖。如畫有畫癖，字有字癖，方造精妙之域。爲仙者亦須有仙癖，方能貫徹玄奧。**陳攖寧頂批**　「癖」字講得有理。孔子云：『好仁者無以尚之。』此仁癖也。」

三月廿五日

午，面玉兄，責予輩怠慢。引韓信下齊故事言：「說齊降者，蒯也，而信襲之，蒯卒以受烹。」意謂，彼以予輩故，得罪於太師矣。**陳攖寧頂批**　玉兄歷史很熟。世外之仙，偏能記得許多人間故事。予輩懇之再四，兄爲啟太師，命打鼎。三香，鼎啟，而汞事非矣。

三月廿六日

辰，約太師降，而玉兄忽至，與予輩拜別。言師命甚嚴，不得長語，遂滴淚悲咽而去。

陳攖寧頂批　拜別之動作，滴淚悲咽之表現，是神體爲之乎？抑肉體爲之乎？

四月初六日

面悟寂禪師求解，旬日候。

四月十六日

面悟寂禪師於樓。言：「諸真無甚嗔恨，只緣汝輩不能日損。陳攖寧頂批　不能日損，謂不肯爲道也。」寧按　下三句不錄。原註　後數紙遵陽面玉兄紀語。陳攖寧頂批　自此以下共九十行，皆論風水。

「前後之水橫而直去者，皆謂之四慢無情。八方之水，不必論某水好，某水不好，要看自己受用如何。若水來有情，雖不好亦好。與我無情，縱好何用？凡水俱不宜衝。」

「傍城借主。城，水城也；主，本山也。如主地正南，而水城東南甚好，須傍水城以迎其福，必借主遷東，不能依正南也。然無祖宗山則可。若有祖宗山，而須傍城，則是今人裁穴只論向，更不觀星後龍上之說，此是背祖，又不宜耳。」

「葬者取生氣也。凡言强弱橫直硬軟，皆是只求生氣於界限中。」

「大向小扦。以一地而言，大者其中必有小穴，如蛛網攢心，取其小者，正是炁之聚處。若地之小者，其炁必薄，更須求外面大包裹，方爲盡善。」

「龍脈過穴，在山則易。或小澗，或沙，兩邊有坡，則氣易接而過，謂龍脈從某處來可也。若平洋地有大溝，則氣必斷，若謂脈從某處，必無是理。」

「地復起者，就謂之祖宗。以水爲龍者，又是賓非主也。」

「高者葬淺，低者葬深。蓋地之高者氣上行，經曰：『地有吉炁，土隨而起。』故葬淺以乘其生炁也。平洋之地，其炁未升，故葬深以就生炁。**原註** 此與凸者脈浮、凹者脈沉之意同。」

「金居兑位，亦以水言。金位西方，如水在西而金形者是也。此只就本身之形而言。若水在坎宮，不只一形，金形土形俱好，但木火形不宜耳。」

「凡言後山包裹倚靠者，必後面之水如金城負抱，而後面之地亦必負抱，方可謂得倚靠。若水直去無情，則地亦無情。後雖有地，非負抱者，不可言得倚也。」

「地前無聚水，而後有聚水者，發在子孫。若求現在者發達，必須明堂澄凝方可。」

「三吉方者，四正則南與東西，而北方不可葬也。南又有正南、東南、西南，東又有東南、東北，西又有西南、西北。四正之吉方，則南爲上，東西次之；四隅則東南、西南爲上，東北、西北不足言矣。」

「凡地前有亂墳壘壘如亂石森崖，其氣不聚，後雖有地，亦不足取，必有明堂界之可也。若後有亂墳，而前有餘地，或對明堂聚水而包裹勢大，水口關闌，葬之吉矣。」

「葬後有亂墳，或謂如跟隨護衛，然必在山上則墳小，謂之護衛可也。若平地則墳高，謂之山可也。墳或東西南北不一，猶之山參差反背不常，亦非所宜。」

「玄武水，有潴蓄停聚，雖寬大更好，若直流而去，便不宜寬大。」

「看地，先尋祖宗山，得祖宗然後尋龍脈，得龍然後尋穴。龍住結穴，必前有界水，得穴又要水口關闌。若水口不緊，則地氣不聚，而穴亦因之而散矣。」

「祖宗大者，發福必盛。祖宗深者，發福必遠。深謂後山重疊深遠。前面朝山左右護衛，須要俯視朝穴，如荷花包心，方爲和合，賓主有情。若仰背無情，則出子孫必强傲不遜。」

「明堂要寬而不散，若前一削而下，是謂傾瀉，則氣不聚。」

「明堂水，潴蓄清澄，子孫必聰秀。水濁，則雖富而難免愚鈍。」

「水歸明堂，必之玄而來者爲善。若直來者，是謂水射天心。凡水直來者，皆謂之衝明堂。」

「水流而清者爲美。若不見其流，而瑩然如十五之月，謂之神清，尤美也。」

「地勢高聳而來，至前偶然跌下，如階下一級，前有界水，則此處謂之脫氣，不宜葬也。

必須挨上數尺，則生氣與逆氣相合，方可下葬，是謂凑毬。若平地削而下，必近旁者方可言脱氣也。」

「穴前見水去者，則退應本身，不必子孫。若水去而前有一界水横欄轉彎，反爲吉也。」

「凡葬偏仄者，主人心不正，喜怒無常。」

「看地須要有水，或前後有聚水，後山復有包裹。一重包者，一代富貴。水口有關闌，左右有護衛，方爲佳地。否則不必觀矣。」

「定人家之興敗，必看後地之包裹。地好而後地無包者，一發便衰。」

「登山見水斜流者，面無堂局，而止有一水，未過而反跳，此爲不善。若前有局面，而此水又遠，則不必拘。」

「龍虎須要相讓，影山兩頭决不可相對。圍牆後不宜四方，圓抱則可。明堂不可逼側，又不可太寬。明堂或小，而龍虎頗低，太陽時照，則雖隘而不嫌隘。明堂大而龍虎又低，則氣有未聚。必須龍虎高聳，方爲善矣。」

「土色黑者冷，青者不佳，白者尸氣，黄者佳，太紅者無用，須掘地觀之。」

「畫下回春者，則**陳攖寧頂批**　「則」字疑是「别」字，謂是他人的住宅，或者房屋雖屬於自己，而爲異姓人所居人居宅，或己屋與人居之則可。其曰先宅後墳、先墳後宅而有盛衰者，蓋嫌陰陽相壓。以一家墳宅而言，故不宜也。」

「山形一樣，而彼此發福異者，蓋五形反正不同。如金星正而土厚潤，則福必盛。非正形而土枯鬆淺薄者，福必不久。」

閏六月十八日

面玉兄於拱極樓丹房。**寧按** 玉兄於三月廿六日滴淚悲咽而去，距今已一百十二日矣。

閏六月十九日

面玉兄於北舍官蓬中。論水之所忌者，曰連水、截水、落水、放頭水、勝己水、鄰水。連水者，左右前後相連，或圓，或斜尖，狀各不同，大率相連而去，與穴無情，又與四至黃泉者不同。四至黃泉，方水也。截水者，水流至後而斷頭。落水者，水流至後而猶有聚落，然亦截斷而不可用，須以人力裁制之。放頭水者，橋梁鎖水，水過此則放頭而奔，無情顧人，故不可用。勝己水者，謂水勝於土。衝射之水亦可懼。之玄之水，來灣而直入者，穴宜避之。鄰水者，在穴旁不抱不灣。**原註** 以上諸水，皆不可用。

補地法，去四旁硬埂，參差裁割，使舊土之氣得與新土相入。雖地底亦須築破，去其筋膜，如割癰者，去其網口，然後皮血相和，除舊而新可生也。不然，則一埂楔耳。今之補地者，多不得其法，或有以柴草填溝者，縱然柴草百年不壞，終是過水。水聚難，洩易。已斷而疏通之，無不可者。如器物有天然之孔竅，固可洩水。以人工鑿通之，水寧不洩乎？傾瀉以南北言，歪斜以東西言，傾急而瀉緩也。

穴有二，有自然之穴，有裁成之穴。裁成之穴，乘生氣也。

氣亦有二，自北而南者爲祖氣，隱隱隆隆，界水而止。此氣一定不移，乃陰氣也，死氣也。止於水，則氣復逆行而來，自南而北，乃陽氣也，生氣也。**原註** 氣之已往者屬陰，故爲死氣；氣之方來者屬陽，故爲生氣。往者祖氣，來者子氣。祖氣無用，葬乘子氣而已。 葬乘生氣，故於陰陽交會之處而扦之。會處必有逆蹐之狀，卑高相因，扦於中者，是謂得穴。**陳攖寧頂批** 「逆蹐」，此二字不知有誤否。 扦於上者，爲不及穴，言不及乘生氣也。

不蓄者，四面傾瀉； 騰者，上尖而不圓齊； 漏者，泉水下瀉； 背者，山形四反；囚者，拘迫於中。此等穴皆不吉。

祖宗山一重，主子孫一代福蔭。旺各房者，觀蜂腰鶴膝之所，向前秀拔主文，渾厚壯主武。

三橫四直者，橫以東西言，直以南北言。

葬近祖墳，殃及兒孫，指昭穆言。先穆，則穆爲祖墳之白虎；先昭，則昭爲祖墳之白虎。俱不利。**原註** 古者無昭穆葬。

氣遇走路則止，如水然。

八月十五日

面玉兒於遵陽宅。予問：「身外之身，不宜縱之遠遊，須勤勤照管，誰縱誰收，還有二耶？若有二，則我還是我，烏得合而爲一？」兒言：「汝作夢時，誰喚誰醒？但一驚則魂自入殼。其所以驚者，乃陰魂自驚，如人遇狂賊，便返而歸舍。舍乃主人熟識之路，方其出遊，不知有舍，一歸便會入舍，其中有誰喚之？且身外之身，陽神也，乃性命混融而成。性無知覺，凡有覺者，皆識神。火足丹熟，至於脱胎，則識神皆化爲陽神，所謂陽純陰盡。蓋以識神乃陰也。元性之處胎，如子在母腹，無有知覺。」

趙問脱胎衝頂。兒曰：「頂上豈有破綻？嬰兒一身之氣，本與天地之氣相通，自有知識，則濁氣障蔽隔絕。今復其嬰兒之體，依舊與天地相通，故去來無礙。」「真鉛升頂之後，化爲玉漿，還有形質。**陳攖寧頂批** 真鉛，此言內丹。及至入於中宮，混合爲一，連一也無。

此時不可謂之鉛，不可謂之汞，不可謂之土，不可謂之陰陽，不得已而名之曰『丹』。丹者，虛無之氣也。如鹽與醬合，則不得謂之鹽，亦不得謂之醬，而名之曰『味』矣。」「一身之氣輻輳而歸，謂之擁護，非交媾也。識神亦在外面擁護元性。元性本孱弱，養之久久，自能神化。**原註** 陽長一分，陰自消一分。」

予問：「丹歸中宮之後，既以武火結實矣，何時復進朝屯耶？」曰：「待其停妥之後。蓋丹入身中，龍虎交戰，一身蘇暢如醉人，然必待其惺惺。既惺惺矣，便以意緜緜若存。謂之若者，似存而未嘗實存，此即是朝屯之火。火有發機，以漸而進，如發弩然。既到之後，箭自會落，落既退符也。此時謂之若亡，非實亡也。實亡則火便冷。此火只在真息。真息者，以踵之息也。**陳攖寧頂批** 以踵之息，謂內呼吸。」

予問毫髮差殊不作丹。兄言：「鍊己無功，方有此咎。若真汞既死，亦無甚害。」予因問鍊己。兄言：「關鍵三寶。然所謂固塞者，非是死了機括，亦有放參之時。以下言耳目口之作用，共七行，不錄。——寧記。」

予問：「靜中雖無聲色之想，忽然道理上心，亦爲理障？」兄曰：「念頭焉能無之，如無，是死人了。但不能使念頭雜亂。」**寧按** 下四行不錄。兄言：「吾來皆稟師命，所說皆有根據。」

既而又同遊月下，兄指月而言：「丹法以初三月出庚爲貴，何以說『八月十五翫蟾輝』？蓋出庚者喻藥之嫩，十五者喻炁之足。月言十五，則日可知矣。所謂『二八相當』。」

寧按 此謂人元丹法，非地元。」**陳攖寧頂批** 同遊、指月，必有身體動作，是凡體乎？仙體乎？

兄又言：「『恕』之一字，乃佛家之平等法。凡事以恕，便是存養，便是省察，便是鍊己。」

八月十八日

太師降，言鍊己法：「己者，我也。克去有我，真性乃見。世人惟知握固精神，心息相守，作蒲團上工夫，此不過修身之一術耳。凡人有生以後，知識既開，事事念念，皆認爲有我，此乃氣質用事。學以變化氣質爲本，所謂善反之，則天地之性存焉。**寧按** 下三行不錄。」

師去，命玉兄來報。兄爲予續言：「嬰兒知識未開，真性尚在。鍊己者，即是鍊去有生以後之積習，歸復於嬰兒。」予問：「『反者道之驗』，是此意否？」**陳攖寧頂批** 「反者道之驗一句乃參同契中語。」兄曰：「然。」

寧按 後有三行問答，關於三精九靈符咒召呼之事，不錄。二十一日又有太易真人賜趙文一篇，約二百字，不錄。據記載云：「太易真人，姓休名貞，東周時人。」

十月初七日

予以水患，借居開元觀之小樓。是夜面玉兄於其上。予問「挺除武都」四字。兄言：「『武都』二字有本，出室冢寶經。黃都者，捐意也；武都者，捐火也；琉都者，捐象也。皆隱語。**寧按** 參同契中雖喜用隱語，但「武都」二字則是雄黃、雌黃的代名詞，非隱語可比。小仙之話不足爲憑。參同正文止八百字，世遺五十字，其他竄入正文者八家。」

陳攖寧頂批 「挺除武都，八石棄捐」是參同契中語。陸著參同契疏，言：「雄黃、雌黃出武都山，配以服食，則雌雄設陳，而武都之物可捐，八石之類可棄。」此是正解，但與本條所謂「捐火」之說不同。料陸君亦未必以此說爲然，故不將玉仙之解攙入參同契測疏中。測疏稿完成於己巳年九月，本條乃己巳年十月所記，前後日期相距甚近，若要修改原稿，非不可能，然而陸君未措意也。

——一九五五年乙未季春攖寧子識

「天元丹是以劫火焚身，一時陰濁盡去，皆化爲氣，故能輕舉。人元則身外有身，軀殼無用，須要脱去，大抵只爲元神墮落凡質中，劫劫沉淪，聖人不得已而行此方便。地元丹更爲捷徑，不論有德無德，服之便仙。」**寧按** 三元丹法皆是惟物的，若專講唯心，學佛可矣。

八月十五日

法祖降於開元觀之小樓，手書乙丑歲餘入册。

八月十八日

法祖降，賜文，黄谷手書。繼而太師至，性師至，玉兄侍。云：「八真在座。」文載華藏中。黄谷留别，手書一紙在册中。

八月十九日

夕，明姬面謝予，手書四言詩並趙壽文跋。見華藏。**陳攖寧頂批** 明姬不知爲何仙，或是靈鬼否？

八月廿一日

夕，候法祖不至，性師賜教作偈。**寧按** 後四行不錄。

補錄廿一日

是夕，玉兄降，四姬先容，姬手書一紙。**陳攖寧頂批** 明姬、四姬，皆是前所未見，此處突如其來。既謂之手書，當然不是在沙盤中乩筆。究竟是什麼花樣？

八月廿六日

夕，三字偈至。寧按 三字偈，是某仙之別號

言解脫：「須性與氣質相離。氣質中見性者，非性也。必離形去知，墮支黜聰，氣質銷盡，方能見性解脫。喻如佛前之香，香盡煙滅，香魂自飄。頓悟者，如香燒一寸，但餘香須要燒盡。」寧按 此言頓悟之後，尚要漸修。

「投胎法，先要清淨心口，打熬睡眠，三更陽生之後，以我作夢，須要清楚，使入調格。攖寧按 所謂「以我作夢」，就是自己要作何夢，即成何夢。 若不然者，更堅其志，務令從心所欲。百日可得如意。果能平日於夢境出入自如，則臨時投胎自有把握。投者先要知人宅門徑，當臨產時，觀其下洩之氣，黑者爲女，黃者爲男，欲下未下時，入之。」

本夜三更後，四姬叩道，頃之有悟，作長別言。明姬復來致謝。

天明時，性師至，作警語。大約言：「宅舍者後人之華蓋，功名者自己之牽由，財貨者後人之淫福，達者何必留意。子去卦數十四年矣。寧按 丹家謂常人到六十四歲，卦氣已盡。據此可知，陸君在本年剛屆五十歲。五十而死，已不稱夭，七十古稀，世豈多得？縱使天假耄耋之

齡，衰憊復有何用？子等勉之，吾言已盡。」

十一月初二日

面法祖，手書趙文。是夕，東海卜紫元、錢東谷俱至。言四姬去矣。寧按　四姬不知是仙是鬼。

十一月初七日

燈下，三字偈師至。作「夢悟神脱」。寧按　「夢悟神脱」是標題之名。語載册中。

十一月十四日

燈下，玉兄自至，言風律。「坐向不吉者，以時日對之，謂之射家。如有人方與我敵，忽旁起一敵，彼須應付旁敵，而無暇敵我矣。射家時日，可用一年，浮攢者用之。」

予舉三字偈師所論陰神與緣督子所論大小各别，不能無疑。兄云：「陰神者劫劫入輪網，蓋佛非一劫修成。緣氣質之性，自無始以來，沾染薰習久矣。必須漸漸淘汰，如澄水然，下有濁滓，非一次可清也。此等工夫，漸漸入細，故悟則脱去，别作受用。仙家陽神鍊就，身外有身，雖住破輪網，然不免帶有識在，終嫌濁滓未清。如君所問，雖在理上，皆識神也。寧按　住輪網者，乃輪迴停止之意，不是住在其中。愚意，「住」字嫌晦，宜改爲「破」字方顯。」予問：「臨爐採藥行火，豈非亦是識的作用？」兄曰：「此未易語。前月廿六夕，與三字偈師論陰神陽神，彼謂：『陰神是本來面目，陽神終有假借；陰神無所不通，陽神容有不到之處。』陳攖寧頂批　無形質者，謂之陰神；有形質者，謂之陽神。老子云：「天下萬物生於有，有生於無。」此言「陰神是本來面目」，與老子之義相同，但與仙家宗旨各別。仙以有形質爲貴也。向者悟寂禪師言：『彼光中所照，較仙家頗勝。』如斯而證，可以豁然。」

十一月十七日

燈下，主籙降，法祖繼。黃谷師手勒答魔文，入册。玉兄繼至。

十一月二十日

燈下，卜紫元先生送海上方四紙，手書小字一紙，入册。草頭藥方五種，一治白䨰，一治手污，一治禁門，一治五淋，一治吐衄咯噴諸血症。方不錄。——寧記。

十一月廿二日

更餘，法祖降，與予言別。

再論身中景象：「須心息相依，性命合璧，靜極生動者，方可用之。汝輩工夫不純，若勉强應用，恐日久反生奇疾。」

「跏趺坐乃閉關法。平常行住坐臥，只要自然，在外緣熟即行，勿生愛戀。」

「符水事，叱咤鞭撻，與精神內守者，道不相應，故不宜行。俟得手後，縱橫順逆，皆能如意。」**寧按** 節去數句不錄。

師去後，玉兄繼至。言師命，有窘迫處，當呼「東海明真」百聲，必有護持，蓋彼不忘報也。

隆慶四年八月十九日

陳攖寧頂批 庚午，隆慶四年。

予歸自虎墩省親。

廿八日

面玉兄於西禪小靜，論黍珠。

三十日

復面於遵陽之山子莊。續問：「黍米玄珠產於北海者，還有質否？」兄曰：「黍米珠以神氣**寧按** 删去二字 氤氳而成，謂之外丹，實無質也。**寧按** 此外丹非地元。 及餌之入腹，始與己之精氣相投，無中生有，虛裏造實，是謂内丹。當其一時半刻之符，寧按 刪去四字 互相紐結，其中消息，至微至妙。寧按 刪去三句。先用築基鍊己工夫者，正謂此關難過。彼童初之子，關竅緊澀，寧按 刪去一句 走失尚遲。壯夫輕車熟路，則奔馳而去，順流而下矣。鍊己者，積精累氣，返於童初，寧按 刪除一句 故能保無走失。攖寧按 刪去十句。但徒事緊閉門户，賓至而主不迎，亦無濟也。」陳攖寧頂批 此段原文嫌太露，余刪去十六句。

予問龍眉子和合之詩。兄解之曰：「所謂二八，非只以等分爲均平，須要和合，方是均平。以十二辰而論，申與巳合，是金火相合也；寅與亥合，是木水相合也。蓋以金長生在巳，木長生在亥，位雖間隔，氣實相通。牝牡雌雄，亦同此理。故等分不足言均平，和合而成三五，方是均平。然離坎二卦亦要能各自和合，始有利於彼此之和合。寧按 刪除三句。」

陳攖寧頂批 龍眉子金液還丹印證詩曰：「二八清源正一斤，休言等分是均平；不須知和合陰陽處法，更要參詳子午辰。申上建元當用巳，亥支出處方生氣必尋歸寅；遇兩相合處交結成三五，和作共入中黃產至真。」此首詩同字太多，余修改十一個字，較優。

予問河車。兄曰：「水足方可轉動河車。若積累不足，道路枯澀，雖得黍珠，安能搬運？故鍊己者貴積精累氣。」予言：「鍊己者於動處鍊，方是常應常靜」。兄曰：「但非初學所宜。譬如植物，固須暄以太陽，飽以風霜，乃成大材。然當初培養之時，若無遮護，其不悴死者幾希矣。」

九月十四日

就夕，山子莊忽有一師至，續命徒來。予問投胎、奪舍、移居、舊住。答如下。

「投胎法，須於靜修百日中試之。食後，濁氣行，毋睡，於子丑時，坐候夢將出，急收之，毋縱。久久純熟，自能出夢。」

「奪舍者，其人生氣未絕，而魂已離軀。」

「移居者，生氣雖絕，尚未僵冷。」

「舊住者，如住慣華屋巨廈，不欲他適，仍戀舊居。」

「道如前門，四果如後門，人元如中堂，天元如前廳，三五飛步之類如兩廂。人須要有一門一路，庶不爲六賊所創害。」

九月廿一日

面真姑於山子莊。**陳攖寧頂批** 真姑不知何仙，突如其來。 三更後，感念而來，謂予曰：「始志何銳，今復逗留，是先生能教人而反不能自度矣。媛有數句，願先生書紳。原註　真姑自稱媛。修鍊不外『神氣』二字，氣則抑之，神則藏之。黑煞之氣太重，則福神遠避。」又言：「質以氣化，神以精完，所謂氣則抑之者，謂能下人也。」因命予演其象。予言：「謙己虛心，不立人我，不爭是非，不揭人過。」姑命再演之。予辭以重複。姑曰：「一有忌心，非下人也；幸災樂禍，非下人也。」

予問：「投胎於何時可入？」曰：「嬰兒出胞時，頭剛離產門，此時鼻竅已開，便乘息而入，入即居於絳宮；奪舍者，只見竅中有氣，即隨氣而入，不拘何竅。」

予問：「移居者，生氣已絕，何能復生？」曰：「神强自能化氣，然亦是漸次而化。」

辛未七月十一日　**陳攖寧頂批**　辛未，隆慶五年。

酉刻，有禪師降於趙宅。予問投、奪、劍解之說。師意謂：「奪難於投，非平素有堅韌之操、强大之力者，不能排出死氣而生之；劍解者，非刀劍之劍，乃比喻疾速斬斷塵緣、割絕愛欲，此身便可解脱而去，未必便成仙也。」禪師因問：「三教法門，只用一個字，即能概括其義，上至神聖，下及愚昧，皆可通行，此爲何字？」予答：「是『心』字。」師曰：「心有真心，有凡心，如此又費講解。」予思得一個「誠」字。師曰：「『誠』字義理太深，常人焉能曉悟？」命予三思，皆不得。師曰：「這個字僅四畫，可再思之。」予仍不會。師從容告予曰：「乃『反』字。尋常日用之間，一切反而行之，即了矣。如陽施陰受、陽上陰下之類，一切反之，則命可了；如六根六塵之類，一切反之，人爲的我不爲，人欲的我不欲，則性可了。如是反來，自然合道。此字徹上徹下，可以立教。」

予問最上一乘。師曰：「各家皆自言有最上一乘，即如玄門中言，我法現世成就，不須累劫修行，此最上一乘也；天元家言，我法丹成之後，即服即仙，普濟凡品，不比人元止能獨善，此最上一乘也；人元家言，我法陰陽同類，性命雙修，不比他法孤寡偏執，此最上一乘也。總而言之，惟我禪宗，一切無礙，一切無着，斯真最上耶。」

予曰：「向亦見到如此，敢問仙佛皆以得丹爲要，何也？」**寧按** 佛家並無鍊丹之説，不知此説以何種經典作根據？雖有龍女獻珠一段故事，亦不足爲證。蓋龍女獻珠之後，彼龍女即自己成佛；佛雖接受其珠，實未曾得到什麽利益。」師曰：「此乃斷輪止劫之法，諸佛皆不能外，但一霎時得之即忘，無勞温養。蓋彼性已靈通，借此陽光一照，即可化爲陽神，從此斷輪止劫。」

予遂問採藥。師曰：「有一要義，諸師未曾告汝。當採藥時，自覺氣横於上，面目俱熱者，此汞走也，急宜止火，再圖後舉，否則恐有焚身之險。**寧按** 「止火」二字是我所改，此處應用此專門術語，原本是普通語。」

予問：「久積之汞，滿而易溢，將奈之何？」師曰：「病在於神怯而金梁不壯。」寧按 刪除三句。」

壬申十月初五日 陳攖寧頂批 壬申，隆慶六年。

予往山子莊省趙兄，玉兄降而語。

寧按 此下問答六行，關於曆本上所謂奏書、博士、力士、蠶室之宜向宜避等等理由，不錄。又有八行餘，另是某某降，閒話不錄。又有詩七律一首，是陸作贈某仙者，今錄之如後。

師門久憶三吳客，別後遙懸數載情；菱鏡慚看雙鬢短，花名今付一毛輕。山中喜識圜中意，塵夢何如鶴夢清；早晚藥爐酬夙願，相期長日話無生。陳攖寧頂批 仙家只講長生，不講無生，此詩末句宗旨弄錯。

予問姑「上鵲橋，下鵲橋；天應星，地應潮」。寧按 此問答十行，記在詩後，無年月日。所謂姑者，亦不知爲何仙。陳攖寧頂批 此四句是崔公入藥鏡中之語。此問似乎唐突女仙，而答語則異常清楚。 姑言：「寧按 刪去六字。 知上則知下矣。天地即上下之義。應星者，精光浮動射人，所謂光透簾帷是也。陳攖寧頂批 呂祖詞云：「正一陽初動，中宵漏永，溫溫鉛鼎，光透簾帷。」即此說所本。 此乃寧按 刪去四字降丹之候。星輝潮湧，上下相應，方可採藥。先聲者，潮來之初候；星光者，丹降之正候。」予以法祖「金沙映日」爲問。**陳攖寧頂批** 潛虛子常於方壺外史叢編中引仙師「梅梢新月」之說，其義與「金沙映日」同一景象。曰：「是也。」予又問：「何以知得？」曰：「汝平日觀之既熟，今則覺其獨異，正如每夜觀星，景象依舊，一夕忽然光彩不同，即知有變化。此下尚有十二句，未免露骨，不得而已，只好將其刪除。——乙未春攖寧記。」

寧按 後有四行講地元，不知何仙所示，亦無年月日，今照原鈔錄之。

金粉沉底激而不動者，其面尚青。半沉半浮者，面中黃而四邊俱白。亦有不俟其激而紫芽微動者，面青而金在中，混沌不分。氣過而散者，面白皮皺紋，鑿視其中，金色淡白而無氣。養之而變者，因是火候失調，多爲濁鉛養住於中，得火而外透耳。

師云：「要知來景，須觀此日中，日中有烏也。」**寧按** 此三句不知何師所示，無年月日。

百神聽令，諸藏合符，中有積精，與之俱化，尼連老人請闕而行律令。**寧按** 此咒不知何用。五茉一咒。**寧按** 此四字難解，恐有錯誤。

攖寧按 法藏總抄原鈔本至此咒爲止，此後是否尚有紀錄，亦無可攷。

攖寧子續抄各篇附列於後

節錄江蘇省興化縣志

陸西星，字長庚，生而穎異，有逸才。束髮受書，輒悟性與天道之旨，爲諸生，名最噪。九試棘闈不遇，遂棄儒服爲方外之遊，數遇異人，授丹訣，乃纂述仙釋書數十種。而所註莊子尤盛行於世，焦太史經籍志中所載南華副墨者是也。方壺外史叢編同時並傳。西星學宗二氏，緣飾以儒術，識宏博，於書無所不窺，嫺於文辭，兼工書畫。彼時宗憲副臣最以才名，而著述之富，獨推先生云。

陸潛虛子金丹就正篇自序

予觀丹經萬卷攖寧按　丹經萬卷，言其多也，實際不過百卷而已，其言長生大藥，必得先天真乙之炁而成，問炁所從來，必曰彼處求之。夫吾人一身，獨無是炁，而顧於彼處求之哉？信之者未一二，疑之者已千百矣。

星自丱歲即雅志斯道，只以根鈍質愚，未能洞其旨趣。間取參同、悟真，開卷讀之，荆棘載塗，縮澁莫前。始爲註師俞琰指以清淨無爲之道，凡言身外之修，一切斥爲旁門；金鼎火符，悉皆認爲爐火。**陳攖寧頂批** 世有參同契發揮一書，是俞琰所著。固守先入，堅不可破。噫！果是清淨，不知下士何以大笑，而謗毀何以易生也？予讀書至此，不能無疑。

嘉靖丁未，偶以因緣遭際，得遇法祖呂公於北海之草堂，彌留款洽，賜以玄醴，慰以甘言，三生之遇，千載希覯。既以上乘之道勉進我人，復言陰陽合而成道。時則謬舉三峯之說以質於師，師乃斥之。**陳攖寧頂批** 此「三峯」，非人名，勿誤認爲元末明初之張三丰。間嘗授以結胎之歌、入室之旨，微言奥論，動盈卷帙，筆而藏之，顧旨其言而未能暢也。因循廿載，幾負師恩。

甲子嘉平，予乃遯於荒野，覽鏡悲生，二毛侵鬢，慨勳業之無成，知時日之不待，復感恩師示夢，去彼就此，遂大感悟。追憶曩所授語，十得八九。參以契論經歌，反覆紬繹，寤寐之間，性靈豁暢，恍若有得，迺作是篇。**陳攖寧頂批** 契，參同契；論，石函記各論；經，龍虎經、陰符經；歌，高象先金丹歌、鍾離破迷正道歌、呂純陽各篇長歌。悟真篇云：「契論經歌講至真，不將火候著於文；要知口訣通玄處，須共神仙仔細論。」孔子曰：「温故而知新。」今予所温者故也，而所知則新也。雖一時臆度之言，未敢就正有道，然亦庶幾不背吾師之旨乎。

節錄海山奇遇度陸潛虛一則

前略。呂祖嘗命兩仙童受業於潛虛，偶與嬉戲，童子飛空而去。陳攖寧頂批　原鈔本所記錄者，有小仙二人，一名素野，一名玉爐。此二仙童程度甚高，陸以「兄」呼之，與本條「受業於潛虛」之說不同。潛虛知天符事近，急欲述呂祖遇鍾離及眾仙遇呂祖事跡，編爲一册，名曰道緣匯錄。陳攖寧頂批　道緣匯錄稿未完成。書將成而呂祖至，索紙題詩，以指代筆，末有云：「每一下階，眾仙爲之側目。」自此仙跡渺然，潛虛亦即坐化。陸氏子孫至今珍藏此卷，書尾猶帶指上螺紋。

方壺外史像讚

聖世逸民，海濱高蹈。迴出風塵，林泉寄傲。其德可欽，其容匪耄。皦爾不滓，從吾所好。三教闡明，直窺堂奥。君子萬年，有功斯道。

——崇祀遺愛祠邑侯中州李戴題

陳攖寧頂批　李戴，是興化縣令。

又像讚

矯矯長公，胸次洒洒。潛心二氏，身寄儒者。道見身隱，調高和寡。若爲仙也，若爲禪也。我知長公，不願爲也。

——崇祀鄉賢祠宗臣題

陳攖寧頂批　陸字長庚，故稱爲「長公」。

呂祖贈陸潛虛詩並序

嘉靖丁未，化跡維揚，遍覓良緣，頗少遇合。嗣晤陸子於北海草堂，一見知爲上根利器，遂常與往還，傳以道法。傾懷而吐，動盈卷軸，不惜也。暇時輒彙書生平所作長短篇章，題名終南山人集，並雜舉舊事爲草堂自記，命其珍藏，留俟賢者。潛虛乎，潛虛乎，擣玄霜而尋玉臼，跨素羽而玩蒼冥，吾於爾有厚望焉。前日走書一聯，今復足成四句。

丙寅天開月回翁筆

雪月爐中藥，風花座上灰；　早完丹竈火，來聽紫雲迴。

金丹就正篇：「師示我曰：『雪映水潭了淨，梅梢新月，始可藥生。』天機盡洩於此。吾昔旨其言而不能暢，今則恍然以悟，乃知師恩深重，昭昭乎若揭日月而賜之視也。」又：「師示我曰：『月夕爐中藥。』命對之，予茫然未有以應。師復自對云：『風花座上灰。』夫流連光景者，每以風花雪月爲四勝，對境生情，應接不暇，而師一切擬之爲座上灰，非忘己忘物而更忘忘者乎？採藥行符鍊己要訣，師示我者至矣。」

陳攖寧頂批　此詩，余往年在揚州某人家中見過，當時抄存一份，今附錄於此。世間通行本呂祖詩集，雖亦載有此詩及小序，兩相對照，大有異同，竟不知孰爲原作。明眼人自審之。天開月，即十一月；紫雲迴，仙樂名。

陸潛虛金丹就正篇後序

金丹之道，鍊己爲先。己鍊則神定，神定則氣住，氣住則精凝，民安國富，一戰而天下定矣。

昔師示我曰：「人能清修百日，皆可作胎仙。」夫百日而清修，片餉而得藥，十月而行火，脱胎神化，改形而仙，顧不易易哉。而世卒難其人，此何說也？根淺者，聞道而不信；學疏者，證道而不實。盲師妄引，指東作西，不辨越燕，罔分蒼素。間或質以參同、悟真，未即條析，輒云陳言易得，口訣難逢，別有開關展竅離形交炁之秘。初學一聆其言，意在速成，妄希倖獲，片言入耳，肺腑深藏，而參同、悟真，束之高閣矣。且夫陰陽同類感應相與之道，順之則人，逆之則仙，是皆自然而然，非有巧僞。豈不聞悟真云「休施巧僞爲功力」，參同云「自然之所爲兮，非有邪僞道」？古仙垂語示人，皆無所謂開關展竅、離形交炁之說，而今乃有之。蛇足不添，則駿骨無價。嗟乎！魚目混珠，頑石亂玉，世人好小術，不審道淺深，獨奈何哉！**陳攖寧頂批** 「世人」二句，本參同契之說。

昔師示我云：「參同、悟真乃入道之階梯。」顧言微旨遠，未易窺測，沉潛廿載，始覺豁然。予既有所見，不敢自私，輒成是篇，以就正於有道。雖然，此其大略云爾。至於入室細微之旨，內外火候之詳，則二書俱在，予則安敢贅哉！

潛虛生再述

玄膚論王序

陸君潛虛，蚤歲事舉子業，瓌瑋士林，去天尺五，於心非不當也。俄而厭舉子業，棄去弗績，日孳孳惟金火尋求，洞徹玄理。**寧按** 中略去三行。 著玄膚論二十篇，首三元，統言三才丹法之全；以下十九篇，專論人元，凡性命根源，陰陽竅妙，凝神依息之方，鍊己待時之要，出庚生癸之符，迎鉛制汞之術，皆推關啟鍵，直露真詮。寧按 中略去九行。昔平叔聞道，作悟真篇以結丹友，玄膚之作，固平叔遺意。寧按 略去五句。君寠於學道，註疏甚富，無力自梓，梓其書者，上大夫方宇趙公。

時萬曆丙子寧按 神宗萬曆四年，公元一五七六年六月望日雉皋亶懷逸史王部

玄膚論自序

玄膚論者，陸生所述也。陸生既聞性命之學於聖師，豁然有契於其衷，乃述所傳，爲論二十篇，總七千餘言，名曰玄膚，謂玄理膚淺，非精詣也。去聖愈遠，大道失傳，狂瞽之師各售所見，類皆竊近似以文神奸。故有口禪之衲，兢鬥機鋒；壟斷之夫，縱談黃白。人元則以閨丹首亂，服食則以金石戕生。學術不明，流禍無極，仁者憫焉。生始以文儒，究心二氏，垂二十年，錯足無虞之林，置身不理之口，屢躓屢奮，獨以初誠不退，獲兹遭遇。夫性由自悟，命假師傳，兹二語者，尚有遺論。何則？自性自度者，雖上根利器，亦須領悟於言下，藉非密旨親承，徒師心以自用，猶之瞽不任杖，倀倀何之乎？

道之不得聞者，其故有三：朵頤世味，以妄爲常，慮致耽空害有之悔者，名曰「不信之心」；少知向慕，罥掛俗網，不即解脱，姑置而少待者，名曰「不了之心」；具曰予聖，不

售善言，高談雄論，千人自廢者，名曰「不虛之心」。三者若居其一，聖師勿顧也，良友勿親也。因循積習，没齒無聞，斃而後已。生爲此懼，蚤夜遑遑，不敢自棄。靜養之暇，仰承師旨，述之篇章，冒犯忌諱，所不敢辭。要在開示真宗，流通正脈而已。

或謂：「古人著書，多在道成之後，子急於有言，毋乃躁乎？」曰：「太上立德，其次立功，其次立言，吾爲其最次者。夫德與功，竊有志焉而未逮也。」

隆慶元年寧按　公元一五六七年丁卯重九日

玄膚論跋

玄膚論，丹髓也。曰膚者，長庚自道耳。其文約而該，精而㮣，深入而顯出，動中肯綮，剪去諸家枝葉之繁，發明聖師誨諭之旨，語意聯絡，工夫湊泊，自非長庚深造實詣，不能作也。寧按　略去廿四字。上大夫方宇趙公愛而梓之，以廣其傳，斯人何幸哉？斯人何幸哉！

同志關中太華山人姚更生謹跋

老子玄覽趙序

今文獻通考及百川學海書略，記老子註疏，河上公以下大小百有餘家，起自西漢以迄茲今，上下數千載，或散布於人寰，或珍襲於天府，或晦跡於遐方，或殘缺於異代，第恨不得窮搜而遍讀之，以觀古人用心之所極。間得一二，則蘇子由、林希逸、王道、薛蕙、朱得之輩，若是已矣。而數君子類以儒術談玄，殊失宗旨。子由雖自禪宗悟入，而了命一關尚隔影響。不有深造實詣之士，逢師得訣，印可親承，則玄室幽深，法藏閟密，不得其門而入，終亦宮牆外望而已。

夫道德五千，的非儒術。谷神玄牝，六經無文；妙竅重玄，虞廷弗及。乃一以儒術窺之，何其謬哉？若夫白紫清之論谷神，張紫陽之指玄牝，參同契之言守黑，以及上德下德之旨，大國小國之辨，發明經義，類皆不落言筌，直求象外。準是以讀老子，則如鏡花水月，弄影虛無之中，傳神色相之表，乃爲得之。敢謂諸家大儒所未喻也。

天下有大難二：知德固難，知言亦匪易。言有君，事有宗，夫唯無知，是以莫我知，老子蓋傷之矣。審爲儒術，則折陽黃華屬而和者衆矣。何爲其莫我知耶？嘗試論之，以正治國，以奇用兵，以無事取天下，儒術似矣。然而絕仁棄義，是階之亂也。不敢進寸而退尺，是速其僨也。將欲取之，而固與之，是益詐而多事也。拂經絕世，其不可厠於鄒魯之門決矣。信不足，有不信，無惑乎下士聞之而大笑也。**寧按** 中略去六十字。是說也，宋聞之伯兄子嚴，子嚴聞之長庚云云。**寧按** 後略去六行餘。

萬曆庚辰**寧按** 神宗萬曆八年，公元一五八〇年中秋日崑山外史趙宋撰

老子玄覽趙序

寧按 前十行從略。陸君長庚，吾玄友也。潛心斯學，廿載有奇。究道德之根宗，得仙師之口授，暇出是編，示我精要，八十一章，一義貫徹。譬彼月園千樹而同光，風谷百巖而共聲，何其暢哉！**寧按** 後略去五句。

嘉靖丙寅**寧按** 嘉靖四十五年，公元一五六六年閏十月望日淮海同志遵陽子趙栻子嚴撰

讀老子宗眼

攖寧按 此篇列於老子玄覽卷首。

是書以「道」「德」二字爲宗旨，無名、有名，無欲、有欲，則一經之肯綮也。無名天地之始者，無極而太極，太極本無極，道之謂也；有名萬物之母者，太極分陰陽，陰陽生萬物，德之謂也；無欲以觀其妙者，上德之人，全眞體道，行無爲之事者也；有欲以觀其徼者，下德之士，返還歸復，行有爲之事者也。無爲之道，致虛守靜，知常復命，載營魄，抱一無離之謂也；有爲之道，知白守黑，知雄守雌，濡弱居下，善利不爭之謂也。知無爲則性源清矣，知有爲則命基固矣，是謂了性了命，聖功之極致也。然無爲非頑空斷滅也，以無制有，無爲而無不爲也；有爲非徇生執有也，生而不有，爲而不恃，無不爲而實無所爲

也。故失道而德，則有爲須求；　復歸於樸，則無爲是尚。經中所言有爲之事，如治國、用兵、取天下，皆寓言也。讀者直以本義解之，誤矣。或謂孔子云「志於道，據於德」，此書不當以道德屬有無；　中庸言「天命之謂性」，此書不當以性命異宗旨。**陳攖寧頂批**　中庸之「天命」，即老子所謂「道」；　中庸之「性」，即老子所謂「德」。噫！　不然。有無道器本不相離，即道即德，即性即命，但有子母之辨，先後天之殊耳。今曲士尚未知儒，焉能知老氏耶？　此非予一人之私言，予與長庚亦有所受之矣。

同志太華姚更生述

周易參同契測疏自序

丹經難讀，古今同之，立言固難，知言亦不易也。**寧按**　略去七句。天下非無上智之資，乃讀此書，大都掩卷中止。或有只成誦而心茫然，或有此稍通而彼窒礙。至於邪宗謬見，迷執終身，黠識强辭，千人自廢者，勿論矣。嗟夫，道之不行，由於不明也。**寧按**　略去四行半。

予幼而尚玄，沉潛是書二十餘年矣。晚承師旨，一旦豁然，霧廓雲披，獲覩天日。間嘗參讀諸家，如真一、抱一、玉吾之書，分註錯經，互有掛漏。求其心領神會，得夫立言之旨者，惟上陽子耳。**陳攖寧頂批**　真一，五代時彭曉；　抱一，宋陳顯微；　玉吾，俞琰；　上陽，陳致虛。特其學問淵深，議論閎博，初學讀之，殊多捍格，予昔者嘗病之矣。寧按 略去十句。

故某所述作，皆會文釋義，以義從文，剪除枝蔓，直見根本，詳略相因，義由一貫，其宗旨則上陽也，其文則己也。名以測疏，與陰符、道德共成一家之書，非敢傳之人人，藏諸石室，運移數周，有知子雲者出，或可免於覆瓿耳。

隆慶三年歲在己巳重九日淮海參學弟子陸西星撰

金丹大旨圖自序

寧按 前略去六行餘。是道也，言之不能盡，悟之不可得，若逢師得訣，針芥相投，則可言下而領。大患人無夙慧，一旦驟聞簡易之道，反而疑竇滋張。或更搖以似是之非，主以先入之說，則毒藥薰心，黥墨染骨，吾末如之何矣？予以空空鄙夫，遭際聖師，提挈年久，賴寸天不障，竟透重玄，四方聞道之士，謂某可教，各以師授互相攷訂，較予所聞，率多枘鑿。老子云：「大道甚夷，而民好徑。」夫金丹之道，至易至簡，若有所安排布置，則涉邪僞而非自然。故此圖說，根極化原，直闡命術，微言大義，綱舉目張，要在不背於師旨。別爲破論，以闢邪宗。學者苟翫索而有得焉，庶免惑於歧途之謬乎。

歲在庚午寧按 隆慶四年，即公元一五七〇年嘉平月下浣潛虛子書於南沙之西禪精舍

參同契口義自序

參同契，予舊有測疏，貫串經旨，斷絡章句，自謂庶幾不悖作者之意。然非敢說郢書、陳瞽奏也。先師有教，小子述之，範我馳驅，疇敢誃戾。侮聖裂道，罪不容誅，予蓋懼焉。後五載，新帝改曆，内子抱眚，將還造化，予乃僦居北里，俟命晨夕，容膝之下，倚木焚香，展舊稿而讀之。則見曩者大義雖明，而微言未晰，將使後昆一字不逗，衷懷貳疑，縱不予咎，寧無歉乎？於是伸紙濡毫，信手成句，紛解義意，補塞遺漏，不復潤色辭藻，名之口義，方爾塵談。起草孟夏之望，閱月餘，乃就緒。存之草創，與測疏相輔而行。後來同志，苟能精思而熟玩焉，當誦言知味，無開卷嚼蠟之患矣。

萬曆元年寧按 公元一五七三年仲夏十有八日淮海參學弟子陸西星

陳攖寧手寫删訂本，完成於一九五五年

陸西星 著 陶素耜 訂 陳攖寧 頂批

金丹就正篇·玄膚論

金丹就正篇

淮海潛虛子陸西星長庚　著
會稽後學存存子陶素耜通微　訂
陳攖寧　頂批

金丹就正篇序

予觀丹經萬卷，其言長生大藥，必得先天真乙之氣而成。問氣所從來，則必曰「彼處求之」。夫吾人一身，獨無是氣，而顧於彼求之哉？信之者未一二，而疑之者已千百矣。

星自蚤歲，即雅志斯道，以根鈍質愚，未能洞其旨趣。間取參同、悟真開卷讀之，荊榛載途，縮澁莫前。始爲註師俞琰指以清淨無爲之道，凡言身外之修，一切斥爲旁門；金鼎火符，悉皆認爲爐火。固守先入，堅不可破。噫！果清淨，不知下士何以大笑，而謗毀何以易生也？予讀書至此，不能無疑。

嘉靖丁未，以因緣得遇法祖呂公，於北海之草堂，彌留欵洽，賜以玄醴，慰以甘言。三生之遇，千載希覯。既以上乘之道，勉進我人。首言陰陽合而成道，時則謬舉三峯之說以質於師，師乃斥之。間嘗授以結胎之歌，入室之旨，微言奥論，動盈卷帙。筆而藏之，顧旨其言，而未能暢也。

因循二十載，幾負師恩。甲子嘉平，予乃遯於荒野，覽鏡悲生，二毛侵鬢，慨勳業之無成，知時日之不待，復感師恩示夢，去彼掛此，遂大感悟。追憶曩所授語，十得八九。參以契論經歌，反覆紬繹，寤寐之間，性靈豁暢，恍若有得，乃作是篇。孔子曰：「温故而知新。」今予所温者故也，而所知則新也。雖一時腰臆之言，未敢就正有道，然亦庶幾不背吾師之旨乎。**陳攖寧頂批** 「腰臆」恐有錯誤。 **蒲團子按** 鄭觀應刊本方壺外史作「臆度」。

上篇

或問於潛虛子曰：「丹經之言『先天一氣必於同類求之』，爲說者何？」

曰：「予聞之師，金丹之道，必資陰陽相合而成。陰陽者，一男一女也，一離一坎也，一鉛一汞也，此大丹之藥物也。夫坎之真氣謂之鉛，離之真精謂之汞，先天之精積於我，先天之氣取於彼。何以故？彼，坎也，外陰而内陽，於象爲水、爲月，其於人也，爲女；我，離也，外陽而内陰，於象爲火、爲日，其於人也，爲男。故男女陰陽之道，順而生人，逆而成丹，其理一焉者也。」

曰：「坎爲中男，離爲中女，易固言之矣。而此謂我反爲離，何也？」

曰：「此先天圖位之說也。邵子曰：『陰陽之精，互藏其宅。』且夫太極分而兩儀，兩儀而四象，四象而八卦，則離屬之乾而坎屬之坤矣。離坎者，乾坤之交而成卦者也；男女者，陰陽之交而成質者也。故乾坤交，則乾不得不虛而成離，坤不得不實而成坎矣；男女交，則陰不得不含夫陽，而陽不得不根夫陰矣。此坎離彼我之別也。」

曰：「然則離之中爲陰精，坎之中爲陽氣，吾一身中豈無精氣，而顧取之於彼乎？」

曰：「誠有之，未竟其說也。吾嘗没溺於玉吾老叟之論，而今始悟。子靜聽，吾試言之。聞之師曰，陰陽二五，妙合而凝，而人生焉。其始也，太樸未雕，渾然太極之全體。老子曰：『含德之厚，比於赤子。』未知牝牡之合而峻音「垂」；赤子，陰也作，精之至也；終日號而嗌音「益」，喉也不嗄音「沙」，去聲，聲破也，和之至也。是陰陽之純也。斯時也，先天之體，渾淪完固，何假於取？何事於填？得而修之，則無爲之上德又何加焉？及夫情竇一開，陰陽交感，則先天之氣乃奔蹶而逸於坤中，三畫純乾乃破其體而爲離。離爲日，日昃之離，大耋之嗟矣，能久視乎？故丹法取坎者，補其既破之乾也，填其既虛之畫也，復其純陽之體也，此神仙還丹之說也。」**陳攖寧頂批** 論乾破爲離、坤動成坎之原理，尚不十分徹底。

曰：「我之爲離，乃自奔蹶之後而得之。彼未奔蹶，則固坤也，以爲坎，又何也？」

曰：「善哉問。渾淪之初，彼固坤體，二七之期，有陽動焉。純坤之中，忽有陽動，非坎乎？故坎者，陰中之陽，乃太極之靜極而動，自然而然，謂之先天。天一生水，真乙之氣藏於坎中，母隱子胎，水中有金，欲造金丹，法當取坎，此產藥之川源，而登真之梯筏也。且夫陰中之陽，以動爲主，故取坎之期即得藥之候，惟偵其動；陽中之陰，以靜爲主，故塡離之後思其之候，致養於靜。知動知靜而不失其時者，其惟聖人乎？聖人者，觀天之道而執天之行者也。是故，月盈虧，象藥材之老嫩；日早晚，爲火候之消息。藥火相得而丹成，丹成斯脱胎而神化也。」

或又曰：「子之所論，皆後天也，其在先天，亦有可言者乎？」

曰：「吾嘗因是而求之易矣。易曰：『精氣爲物，游魂爲變。』夫陰中之陽，其名曰氣；陽中之陰，其名曰精。二者相須，而物生焉。嘗觀順行之道矣，精先至而氣後隨，則陰包乎陽而爲女；氣先唱而精後隨，則陽包乎陰而爲男。然則離男坎女之辨，又不待於成質之後，而已預定於受氣之初矣。且金丹之道，陰陽相合而成者也，人道順施，天道逆取，取材於坎而造丹於離也，又何疑乎？」**玉溪子頂批** 知取材於坎，則知凝神之處；知造丹於離，則知凝神之方。凝神云者，即「取」「造」二字之真訣也。不知坎離之用，則取材造丹皆流於口談。坎在何處，離在何方，可不即講哉？而凝神之處、之方，又急講之急務也。

中篇

或問：「吾人四大一身皆屬陰也，有時而動，將不屬之陽乎？」

曰：「離爲火、爲日，動雖屬陽，而實根於陰也，故曰火陽根陰。觀夫靈光閃爍，莫可控制，吾身之陽，亦復如是。是以嘗有奔蹶之患。聖人知其如此，故取坎中真乙之水，以克制之。夫情熾於中，精逸於外，猶火炎於下而水沸於釜也。取彼先天真乙之氣，伏我奔蹶易逸之精，猶之酌泉於甕而救沸於釜也，靡不濟矣。」

「然則取坎之法亦有可言者乎？」

曰：「天機至閟，非得師旨，孰敢妄言？請啟其端，俟吾子悟焉。在易，雷在地中，於卦爲復，地勢重陰之中，而忽有陽動，此造化之根柢，而品彙之樞紐也。孔子翫易至此，不覺歎曰『復其見天地之心乎』，契亦有之『故易統天心，復卦建始初』，又曰『發號順節令，勿失爻動時』，蓋言此也。知雷在地中而成復，則知陽生於陰而真乙之氣之藏於彼也，可不言而喻矣。」

或又曰：「藥之生也，丹經每以三日出庚爲喻，可得聞乎？」

曰：「坎爲月，月爲太陰，受日之光以生明。三日出庚，陽始萌也，亦如復卦；八日上弦，遍臨三陽，東方盛滿，三陽開泰；下弦則陽之衰也；月晦則陽之盡也。剝復相尋，終則有始，故三日而復甦。彼之造化，亦復如是。丹法象此，以偵藥材之老嫩。師示曰『月夕爐中藥』，又曰『雪暵冰潭了淨，梅梢新月，始可藥生』，天機玄妙，盡洩於此。吾昔旨其言而不能暢也，今則恍然以悟，乃知師恩深重，昭昭若揭日月而賜之視也。」

曰：「藥材老嫩，其用之也奈何？」

曰：「金丹造化，乃先天真乙之氣而成。先天氣，輕清未形，乃陽中之陽也，其端甚微，而其妙莫測，急採於癸生之初，而用之以一符之頃，稍遲則生滓而度於後天，是又陽而反變爲陰矣。悟真詩曰『見之不可用』，蓋言老也；『一霎火燄飛，真人自出現』，蓋言速也。噫！造化之妙，非聖人孰能知哉？非聖人孰能用哉？」

下篇

或問：「造化之妙，自非聖人莫能用，吾輩非聖人也，而欲用之，其要安在？」

曰：「師不云乎？『真土擒真鉛，真鉛制真汞。』真土者何？己土是也。採藥之士，不鍊己土，則靈汞易失，而所作無功，反遭困辱矣。經曰『築基鍊己』，蓋言此也。己之爲物，於人爲意，亦曰『己性』。以其周遊於四象之中而無定位，故名之曰『土』。金丹始終皆藉於此，故錬藥求鉛以己迎之，收火入鼎以己送之，烹錬沐浴以己守之，換鼎脱胎以己成之。正心誠意，則身修國治而天下平矣。此錬丹之樞要也。契曰『運轂正軸』，又曰『辰極處正』。古仙垂語，叮嚀告戒，不一而足。」

「且夫父母以情慾而生我，故氣質之性每遇物而生情焉。苟錬己無功，六根未定，入室之頃，大用現前，慾動情熾，姹女逃亡，又安能以一符之頃而奪驪龍之珠於頷下哉？傳之有曰：『探虎穴，捋虎鬚，幾不免虎口哉！』危乎危乎！非大智慧，不足以破此；非大力量，不足以得此。」

「師示我曰：『入頭鏡，在汝心，心不虛兮鏡不真。』噫嘻！虛心之旨，其錬己之要乎！清淨經云『內觀其心，心無其心；外觀其形，形無其形；遠觀其物，物無其物。三者既悟，惟見於空；所空既無，無無亦無』，此虛心之謂，錬己之大解脱、大休歇也。故下文繼曰『常靜常應』。嗚呼！常靜者，其錬己之驗；而常應者，其求鉛之用乎。」

「師示我云『月夕爐中藥』，命對之，予茫然未有以應也，師復自對云『風花座上灰』。夫留連光境者，以風花雪月爲四勝，對景生情，應接不暇，吾師一切擬之爲座上之灰，非忘己忘物而忘忘者乎？採藥之符，錬己之要，師示我者至矣。予昔旨其言而今暢之也。」

或聞之躍然起曰：「微子之言，吾終不聞大道之要。」請塞子兑，吾退而鍊己。

金丹就正篇後序

金丹之道，鍊己爲先，己鍊則神定，神定則氣住，氣住則精凝，民安國富，一戰而天下定矣。

昔師示我曰：「人能清修百日，皆可以作胎仙。」夫百日而清修，片晌而得藥，十月而行火，脱胎神化，改形而仙，顧不易易哉！而世卒難其人，此何說也？根淺者，聞道而不信；學疏者，證道而不真。盲師妄引，指東作西，不辨越燕，焉分蒼素？間或質以參同、悟真，未即條析，輒云「陳言易得，口訣難逢，别有開關展竅之秘，離形交氣之旨」。初學之士，一聆其言，意在速成，心希僥倖，焚香誓天，賫金固請，片言入耳，肺腑深藏，而參同、悟真束之高閣矣。

且夫陰陽同類感應相與之道，順之則凡，逆之則仙，是皆自然而然，非有巧僞。豈不聞悟真之詩云「休施巧僞爲心力」，參同契云「自然之所爲兮，非有邪僞道」？古仙垂語示人，曷嘗隱秘，然皆絕口不言「開關展竅，離形交氣」之說，而今乃有之，是知驥足不添，則駿骨無價，大道之厄，斯人爲之也。嗟乎！魚目爲珠，燕石爲寶，世人好小術，不審道淺深，獨奈何哉！

昔師示我云：「參同、悟真，乃入道之階梯。」顧言微旨遠，未易剖析，沉潛十載，始覺豁然。且夫僕非能心領神悟也，賴翫索之功深，而師言之可證耳。予既微有所見，不敢自私，輒成是編，以就正有道。雖然，此其大略云耳，若夫入室細微之旨，內外火候之詳，自有二書者在，予則安敢贅哉？

甲子嘉平潛虛生述

玄膚論

淮海潛虛子陸西星長庚　著
會稽後學存存子陶素耜通微　訂
陳攖寧　頂批

三元論　統論三才藥品。

愚聞之師曰：「丹有三元，皆可了命。」三元者，天元、地元、人元之謂也。

天元謂之神丹。神丹者，上水下火，鍊於神室之中，無質生質，九轉數足，而成白雪，三年加鍊，化爲神符，得而餌之，飄然輕舉，乃藥化功靈聖神之奇事也。其道則軒轅之龍虎，旌陽之石函，言之備矣。

陳攖寧頂批　龍虎上經、石函記。

地元謂之靈丹。靈丹者，點化金石，而成至寶，其丹乃銀鉛砂汞有形之物，但可濟世，而不可以輕身。九轉數足，用其藥之至靈妙者，鑄爲神室，而以上接乎天元，乃修道之舟航，學人之資斧也。古今上聖高真，名爲聖事。其法至易至簡，不過採先天之鉛，伏後天之汞，識浮沉，知老嫩而已。今之盲師，率多昧此，故千舉萬敗，不知地元之道與人元不殊，必洞曉陰陽，深達造化者，而後可以語此。

人元者，謂之大丹。大丹者，剏鼎於外，鍊藥於內，取坎填離，盜機逆用之謂也。古者高仙上聖，莫不由之。了命之學，其切近而精實者，莫要於人元。

故丹有三元，係於天地鬼神而不可必得者，天元也；法度修明，福慧雙美，舉之而如取如攜者，地元也；宇宙在手，萬化生身，鬼神不能測其機，陰陽不能逃其算者，人元也。然則亦有大小乎？曰：「愚聞之師，天包乎地，地載乎人，大小見矣。」是三元之品也。

內外藥論

論人元之藥必資同類。

人元之學，剏鼎於外而鍊藥於內，於是始有內藥、外藥之分。而世之言外藥者，率多不得其旨，以盲引盲，殊可悼痛。

夫道在我身，內鍊誠是矣，而何以剏鼎於外？老聖比之用兵，曰：「夫佳兵者，不祥之器，聖人不得已而用之。」且夫上藥三品，神與氣精，凡吾所具於先天者，混淪未鑿，何假修鍊？故童初之子，皆聖胎基，自夫情竇一開，而混淪之體破矣。渾淪既破，凡吾身之所有者，日改月化，動皆落於後天。後天之物，皆屬於陰，不能以久存，不得不假夫同類之先天者以補之。而同類之先天，則太陽乾金矣。以陽鍊陰，形乃長存。契有曰「欲作服食仙，須求同類者」，「籬破竹補」「覆雞用卵」，如斯而喻，甚明切也。然又須知彼我之氣，同一太極之所分，其中陰陽之精，互藏其宅，有不可以獨修者。易曰「一陰一陽之謂道」「同聲相應」「同氣相求」；契曰「冠婚炁相紐，元年芽乃滋」。造化之理，順則成人，逆則成丹，神妙自然，不可誣也。鍊藥於内而創鼎於外，豈直補吾身之缺而已哉？

陰陽互藏論 論坎中先天真乙之氣。

「何謂『陰陽之精，互藏其宅』？」「契曰：『天地設位，而易行乎其中矣。』易謂坎離。』悟真詩曰：『先把乾坤爲鼎器，次摶烏兔藥來烹。』乾坤者，陰陽之象；烏兔，則陰陽之精也。離爲日而秉陽精，而離之中畫却是陰，是陰藏於陽之宅也；坎爲月而秉陰精，而坎之中畫却是陽，是陽藏於陰之宅也。故曰『坎男爲日，離女爲月』，蓋言此也。是知乾坤者，陰陽之位也；坎離者，陰陽之交也。其在人也，情竇未鑿之先，一乾坤純陰純陽之象也；既鑿之後，陰陽之體交，而互藏之精用矣。少陽之數八，男子得之，故二八而精通；少陰之數七，女子得之，故二七而天癸至。豈非陽得陰數、陰得陽數？

而互藏之義，斯以見乎？」

或曰：「男子二八而精通，彼之破體，夫固有所感也，女子二七而天癸至，何所感耶？」曰：「未論有感無感，但其氣既至，則渾淪之體斯已破矣。且夫地勢重陰之下，而忽有一陽來復，乃十有一月之卦也。斯時也，天地之心，果何所見？而夫子歎之，毋亦以造化交感之氣雖未氤氳，而其機斯已動乎。方其不動而動、動而不動之時，是謂先天真乙之氣，所以爲造化之根柢、品彙之樞紐者，實在於是。迨夫朕兆已彰，形色已見，斯則落於滓質，而屬之後天。故吾所謂破者，乃自氣機之動者而言之，非謂必待於交感氤氳而後謂之破也。且男子之精通也，其始未必先有滓質，必其氣先至，繼乃化而爲水，又繼化而爲精。所謂先至之氣，即先天也；氣化爲水，即天一所生之水也。先天之體既破，後天之用遂行；後天之用既行，先天之真愈隱矣。造化之妙，發洩至此，誰曰不然，請問之師焉。」

先天後天論

「何以後天之用行而先天之真愈隱？」曰：「先天之真不可見，凡可見者，皆後天也。今之言涕唾津精氣血液者，皆有形滓質之物，俱屬後天而不可用，則又以精氣神當之。不知後天之用既行，則精氣與神，又皆隨用顯發而落於後天。何者？已鑿之後，說着用着，皆落後天，而先天之真，沉潛淪匿，孱弱微細，日就蕭索，而不足以爲一身之主。至於老病死苦者，後天之用竭，而先天不存也。然則欲吾形之永固者，捨先天奚以哉？」

鉛汞論　論陰精陽氣。

或問：「先天之氣爲真鉛，其旨安在？」曰：「真者對凡而言，真則無形，而凡則有象也。必欲竟其說，請言其本。夫自乾坤交，而坎離之體成矣。乾坤交而渾淪之體已破，故後天卦位退乾坤至尊於無用之地，而以坎離代之。蓋南北者，天地之兩極也。先天卦位，本乾坤所居，今退而不用，以離坎代之，則後天之用行矣。離爲日，照耀於南；坎爲月，照臨於北。日月交光，而萬物生焉。雖曰後天用事，其實則先天之體爲之。故坎之真氣，化而爲鉛，即天一所生之水也；離之真精，化而爲汞，即地二所生之火也。鉛汞水火，皆人間有名有相之物，謂之真鉛真汞，則不可名不可相也，故不得已而假有名有相之物以擬之，而加之曰『真』，實則陰精陽氣而已。易曰：『精氣爲物。』精與氣合而人始生，皆先天之用也。以其互藏也，故男得其精而用精者化，女得其氣而用氣者昌。用精者化，故順而成人；用氣者昌，故逆而成丹。先天之氣爲真鉛，厥有旨也。以先天之未擾之真鉛，制後天久積之真汞，則其相愛相戀如夫婦子母不忍離，是皆自然而然。有不知其所以然者，自非洞曉陰陽，深達造化，烏足以語此哉！」陳攖寧頂批　此論尚不透徹。蓋此方有形之精，與彼方有形之卵相合，則生人；此方無形之精，與彼方無形之氣相結，則成丹。先天未擾之真鉛，乃彼家靜極而動之氣；後天久積之真汞，即我家未變濁精之神水。

元精元氣元神論　分别先天後天。

「元氣爲鉛，元精爲汞，元神果何物乎？」曰：「元神爲性，精氣之主也，以其兩在而不測，靈通而無方，故命之曰『神』。故神往則精凝，精凝則氣歸，氣歸則丹結，皆先天之用也。所謂元精，非交感之精之謂也，精藏於離，心中之真液也；所謂元氣，非口鼻呼吸之謂也，氣藏於坎，虛無中之真氣也；所謂元神，非思慮之神之謂也，神通於無極，父母未生以前之真靈也。夫人一太極也，精氣即太極之陰陽也，神即太極之無極也，是謂元精、元氣、元神。善乎！翠虛之吟云『此精不是交感精，乃是玉皇口中涎』，玉皇，心君也，口中涎，心中之靈液也；『此氣不是呼吸氣，乃知却是太素煙』，太素煙，先天真乙之氣也；『此神不是思慮神，可與元皇相比肩』，元皇即元始也。是謂無極之真，通天地，貫宇宙，巍然而獨尊，超然而獨運者也。」

神統論

何以知神之統精氣乎？即舉一身之後天者言之，神大驚則精散而怔忡，神太淫則氣脱而痿縮，故神藏於精則謂之曰「精神」，神藏於氣則謂之曰「神氣」。精氣之得神而王，猶臣之得君而尊也。故修真之士，莫要於養神。

神即性也。性定則神自安，神安則精自住，精住則氣自生。何以故？性定則心火不至於上炎，火不炎則水不乾，故身中之精亦住。

凡身中五臟六腑之精，皆水也。身中之精既住，則腎中之精可知。腎爲精府，精盛於腎者，積水生潮，滃然上騰，如雲霧然，薰蒸四大，灌注上下，吾以元神斡運乎其間，則升降進止，如運諸掌，是謂水火交而成既濟也，是謂後天之氣而得之似醉也。

然此特自吾身之後天者言之耳。若夫先天之用，其採取交媾，脱胎神化，無一而非神之所爲。故修真之士，莫要於鍊神。鍊神者，玉液鍊己之謂也，大道之所以成始而成終者也。

金液玉液論 分別了命了性之學。

「丹法有金液鍊形、玉液鍊己之説，其旨安在？」曰：「夫道者，性命兼修，形神俱妙者也。金液鍊形者，了命之謂也；玉液鍊己者，了性之謂也。玉者，溫潤貞純之喻；金者，堅剛不壞之稱。夫鍊性者，損之又損，克去己私，務使溫潤貞純，與玉比德，則己之內鍊熟矣，然後可以臨爐採藥，而行一時半刻之功；及時至機動，取坎填離，採鉛伏汞，而坎中一畫之陽，乃先天乾金也，謂之金液，以之鍊形，則體化純陽，而形骸爲之永固，一如金之堅剛而不壞矣。故曰金鍊玉鍊，性命兼修，而形神俱妙者也。玉鍊則無爲之道也，金鍊則有爲之術也。自無爲而有爲，有爲之後，而復返於無爲，則性命之理得，而聖修之能事畢矣。」**陳攖寧頂批** 此處所謂玉液鍊己，指清淨工夫而言。但世間所傳丹法，則凡用後天鼎者名爲玉液鍊己，用先天鼎者名爲金液鍊形，皆指陰陽工夫而言。此中派別甚多，下手之法不盡相同，惟在用之得宜，適合於自己之環境，斯可矣。

性命論

論了命關於性地。

「何謂性？何謂命？」曰：「性者萬物一源，命者己所自立；性非命弗彰，命非性弗靈。性，命所主也；命，性所乘也。今之論者，類以性命分宗，而不知『道』『器』相乘，『有』『無』相因，『虛』『實』相生，有不可歧而二者。故性則神也，命則精與氣也；性則無極也，命則太極也。可相離乎？或言『釋氏了性，道家了命』，非通論也。夫佛無我相，破貪著之見也；道言守母，貴無名之始也。不知性，安知命耶？既知命矣，性可遺耶？故論性而不淪於空，命在其中矣；守母而復歸於樸，性在其中矣。是謂了命關於性地，是謂形神俱妙，與道合真也。」

或問：「子之論性命，則既明且盡矣，敢問性之在人果何物也？可得而見乎？」曰：「性不可見，所以見，則性也；於不可見而欲求其所以見，則性愈遠矣。何耶？性之爲物也，可以無心見，而不可以有心求。昔老聖稱『太樸』以『無名』，黃帝索『玄珠』於『罔象』，古人之喻，厥有深旨。」**陳攖寧頂批** 「太樸」「無名」，見道德經；「玄珠」「罔象」見莊子。

「請言人之所以生也。」「無極之真，二五之精，妙合而凝。所謂性，既無極也；所謂命，即二五之精也；二者妙合，而人始生焉。**陳攖寧頂批** 「二五」「妙合」二句，見宋周子太極圖說。方其未生之前，則所謂無極者，混沌鴻濛，何相何名？何音何緒？何臭何聲？及乎二五既凝，得一以靈，何思何爲？何慮何營？是性之本體也。夫自情識開，而本體鑿矣。張子曰：『形而後有氣質之性，善反之，則天地之性存焉。』所謂情識，即氣質之性也；所謂本體，即天地之性也；老子曰『復歸於樸』『復歸於嬰兒』『復歸於無極』，即善反也。故修道之要，莫先於鍊性，性定而氣質不足以累之，則本體見矣。吾師之詩曰『不迷性自住，性住氣自回；氣回丹自結，壺中配坎離』**陳攖寧頂批** 四句詩見呂祖百字碑，是後天得先天而妙其用也，是之謂了命關於性也。」

質性論 分別先天後天。

「夫性，一而已，何以有本性、質性之異也？」曰：「本性者，自先天而言之，清淨圓明，混成具足，聖不加豐，愚不少嗇者也；質性者，自後天而言之，生於形氣之私，於是始有清濁厚薄之異。且夫二五變合，生人物之萬殊，其間糅女救切，音「猱」，雜也雜不齊，本於胎元受氣之始。何者？吾自無始以來，至於今日，皆以情慾而正命本，逐境起念，遇物生情，薰習久矣。其間得氣有純駁，故嗜慾有淺深，莫不各借本然之性，以行其有我之私。蓋質性在人，非能自用，所以用者，皆借靈於本性，如豪奴孽子，借主人以號令也。故嘗喻之，性則水也，落於氣質，猶水入泥滓中，決而行之，但見泥滓而不見其水。泥滓豈能自行？水行之也。但水混於泥滓而不見耳。澄之久久，則清者在上，濁者在下，決而行之，無非水也。此澄湛之功，善反之力也。」

神室論 論人身三谷。

「元性、元神有異乎？」曰：「元性即元神，無以異也。以其靈通而莫測，妙應而無方，故名之曰『神』； 謂之『元』者，所以別於後天之思慮也。」

「神之在人，亦有宅乎？」曰： 「吾聞之紫清仙師，人有三谷，乃元神之室，靈性之所存也。其空如谷，又名『谷神』。神存則生，神去則死，日則接於物，夜則接於夢，神不能安其居也。靈樞內經曰： 『天谷元神，守之自真。人身之中，上曰天谷，泥丸是也； 中曰應谷，絳宮是也； 下曰靈谷，關元是也。此三谷者，神皆居之，謂之三田。』嘗爲之論，泥丸者，棲神之本宮也； 絳宮者，布政之明堂也； 靈谷者，藏修之密室也。故夫元神居於絳宮，則耳有聞，目有見，五官效職，而百體爲之從令矣； 元神居於靈谷，則視者返，聽者收，神氣相守，而營魄爲之抱一矣。楊子有言： 『藏心於淵，美厥靈根。』淵者，深昧不測之所，靈谷是也，是神所藏也。」

河車論

論任督二脈。

神既藏矣，是謂歸根，歸根曰靜，靜曰復命，將見神氣相守，抱一無離。迨夫靜極而動，是神也，復乘氣機而上升於泥丸，於是河車之路始通。要知，河車之路，乃吾身前後任督二脈也。夫氣之始升也，油然滃鄔孔切，音「蓊」，雲氣蒸起也然，鬱蒸於兩腎之間，浩浩如潮生，溶溶如冰泮，泛溢於五腧五藏腧穴之上者，乃水經濫行，不由溝洫也。吾急以神斡音「挖」，運轉也歸尾閭，使之循尾閭而上，至於夾脊雙關，上風府而直至於泥丸，神與氣交會於此，則疏暢融液，不言可知。少焉，降爲新美之津，則自重樓而下，由絳宮入紫庭，復歸其所藏之處而休焉。如此循環灌注，久久純熟，氣滿三田，上下交泰，所謂「常使氣冲關節透，自然精滿谷神存」也。造化至此，内鍊之徵見矣。然非深造而實詣，烏知予言之有味哉。

澄神論

或問：「吾子所言藏神之宅，則吾既得聞命矣，敢問藏神之旨。」曰：「藏神者，凝神也。凝神之要，莫先於澄神；澄神之要，莫先於遣欲。清靜經云：『遣其欲而心自靜，澄其心而神自清。』易曰：『聖人以此洗心，退藏於密。』所謂『洗心』，即『澄神』之謂也。周子曰：『無欲固靜。』所謂無欲，即遣欲之盡也。『夫人神好清，而心擾之；人心好靜，而欲牽之。』所謂心者，有二焉：擾神之心，乃妄心也；好靜之心，乃真心也。既有妄心，即驚其神，神可得清乎？既驚其神，即著萬物；既著萬物，即生貪求；既生貪求，即是煩惱。煩惱妄想，憂苦身心，心可得而靜乎？故澄神之要，莫先於遣欲。能遣之者，内觀其心，心無其心，知三心之不可得也；外觀其形，形無其形，遠觀其物，物無其物，知四相之俱忘也。三者既悟，惟見於空，則人空矣；空無所空，所空既無，無無亦無，無無既無，湛然常寂，寂無所寂，則法空也。如是則根塵永淨，六欲不生，而心淨矣。心淨則神自清，如水之無波，而萬頃澄澈也。虛靖天師云：『欲得身中神不出，莫向靈臺留一物；物在心中神不清，耗散真精損筋骨。』遣欲澄神之說，百世以俟聖人，不易吾言矣。」陳攖寧頂批　此篇大意，皆本於清靜經之說。

養神論

「神既澄矣，又何以加焉？」曰：「養之。養之者，所以韜神之光，使勿露也。神之爲物也，愈澄則愈清，愈清則愈明。蓋定能生慧，故靈光煥發，旁燭洞達，莫可蓋藏。莊子云『宇泰定者，發乎天光』，若用之不已，則太露而反傷本性；莊子云『古之治道者，以智養恬』，智生而無以智爲也，謂之以恬養智；坐忘樞翼論云『慧而不用，實智若愚，益資定慧，雙美無極』；道德經云『敦兮其若樸，渾兮其若濁』，又曰『眾人昭昭，我獨若愚；眾人察察，我獨若悶』。皆養神之要義也。」陳攖寧頂批　全篇重在「慧而不用」四字之義；坐忘論乃唐朝司馬子微所作。

凝神論

「神既養矣，安所事凝耶？」曰：「凝神云者，無用中之用，了命之學也。參同契曰：

『經營養鄞鄂，凝神以成軀。』且夫離宮修定，禪之宗也；水府求玄，丹之旨也。澄神要矣，凝神急焉。翠虛篇云：『昔日逢師傳口訣，只要凝神入氣穴。』所謂『氣穴』，乃吾人之鄞鄂也，予前所著神室論中則既已明且盡矣。慮夫學者徒知澄神，而不知凝神之處，則漫無歸宿，而無以會夫歸根復命之原；徒知養神，而不知凝神之方，則茫無下手，而不能偵夫造化消息之妙。故述所聞，復著此論。」**陳攖寧頂批** 翠虛篇乃南宗第四祖陳泥丸所作。

「蓋凝神者，入玄之要旨，丹家之第一義也。所謂凝者，非塊然不動之謂也，乃以神入於氣穴之中，與之相守而不離也。老子曰：『載營魄抱一，能無離乎。』夫氣穴者，乃吾人胎元受氣之初所稟父母精氣而成者，即吾人各具之太極也。其名不一，曰『氣海』，曰『關元』，曰『靈谷』，曰『下田』，曰『天根』，曰『命蒂』，曰『歸根竅』『復命關』，即一處也。方其處胎之時，呼吸之氣與母相通，及夫子母分胎，剪落臍帶，則自安爐鼎，別立乾坤，而一呼一吸，當歸於本穴之中。蓋呼吸者，吾人立命之本也。一息之間，呼吸不至，則氣絕而死矣。呼則氣闢，陽之舒也；吸則氣闔，陰之斂也。一呼一吸，名曰『一息』，診家以之候氣，良有旨也。莊子曰：『眾人之息以喉，真人之息以踵。』以踵者，謂深入於穴也。眾人之息，非不以踵也，但神有不存，縱其出入焉而不自覺，若以喉耳；真人則神依於息，而深入於本穴之中，緜緜若存，無少間斷，故得專氣致柔，抱一無離，虛極靜篤，而能觀其復也。所謂依者，又非逐於息而依之也，有勿忘勿助之義焉。故神依於息則凝，神凝則氣亦凝；神依於息則和，神和則氣亦和。相須之道也。凝神之法，自調息始。調息者，依息之謂也。」

真息論

所謂「息」者，有二焉：曰凡息，曰真息。凡息者，口鼻出入之氣也；真息者，胎息也，上下乎本穴之中，晦翁先生所謂「翕然而噓，如春沼魚」者是也。凡息既停，則真息自動。而凡息之所以停者，非有心而屏之也，虛極靜篤，故心愈細而氣愈微耳。**陳攖寧頂批** 朱子調息箴云：「動極而噓，如春沼魚；靜極而翕，如百蟲蟄。」

今之論者，但知調息，而忽不自知其落於以心逐氣之病。蓋以凡夫躁競之心，未閒調習，一旦使之依息，心豈肯自依？未免著意。著意，則氣未平而心先動矣，豈非復以氣而役神乎？予故曰：「調息者，自然依息之謂，非逐於息之謂也。」調息又自調心始，調心者，攝念歸靜，行住坐臥，常在腔子，久久純熟，積習生常，自然澡雪柔埏音「延」，與息相和也。和則相依，依而勿逐，凡息自停，真息自動，橐籥一鼓，鍊精化氣，薰而上騰，灌注三宮，是謂真橐籥、真鼎爐、真火候也。**陳攖寧頂批** 今之從事於靜功者常云，不調息便罷，愈調息則愈覺得氣急。都犯了「以心逐氣」之病。

火符論

「以真息爲火，其亦有說乎？」曰：「有之。『謾守藥爐看火候，但安神息任天然』『丹竈河車休矻矻，鶴胎龜息自緜緜』，古仙之言，不一而足，然非以息爲火矣。火，神火也；息，則火之橐籥也。今夫神氣相守之時，神則無爲，而氣機不能以不動，故一闔一闢，與經脈上下相爲流通。所以覺其動者，神也。一氣流通，元神獨覺，神與氣融，寬急相得，是火力調匀，然後丹成而藥就也。予嘗以橐籥喻真息，蓋亦有理。陳攖寧頂批 橐籥，今名爲風箱。今夫冶人之鑄金也，必先鼓之橐籥，然後火發而金始溶。若徒以浩蕩之風吹之，則火氣散漫，而金終不可化矣。何者？浩蕩之風，往來不常，猶眾人以喉之息也；橐籥之風，緜緜不絕，即真人以踵之息也。神依息而互融，即火之得乎風也；氣得神而自化，即金之化於火也。如斯而喻，昭乎明矣。」

或問：「火符進退，朝屯暮蒙，其旨同異？」曰：「予昔未得師指，竊以火候難明，亦嘗按之周天，準之卦氣，分更分漏，徒費講求。而後乃今，豁然大悟，乃知丹經萬卷，火記六百，皆可言下而廢，所謂真火無候，大藥無斤，誠哉不我欺也。夫鍊藥有內外，故火候有煩簡。所謂內鍊，一言以蔽之，曰『緜緜若存』而已。外藥者，非前所論之外藥也，蓋指天元、地元而言。符者，謂與天道相符合也。丹法以月之庚甲象藥材之老嫩，日之子午爲火候之消息，其言朝屯暮蒙，不過言進退之則有如是耳，得其意，忘象可也。悟真篇云：『內藥還同外藥，內通外亦須通；丹頭和合類相同，溫養兩般作用。內有天然真火，爐中赫赫常紅；外爐增減要勤功，絕妙無過真種。』真種者，人元也。是火符之斷案也。」**陳攖寧頂批** 悟真篇所謂外藥，恐不是指地元爐火而言。真種既指人元，則外藥、外爐，皆人元之事也。

藥火論

「藥與火，同乎？異乎？」曰：「藥與火，可分也，亦可合也。分則可異，合則可同。何者？分而言之，藥者先天之氣也，火者先天之神也；合而言之，藥即火也，火即藥也。知合而不知分，則採取不明；知分而不知合，則溫養無法。何者？採取之時，藥在外，火在內，以火而致藥，故藥火可分；溫養之日，藥在外，歸於內，得藥而行火，故藥火可合。要之，火其主也。火急則丹傷，火冷則丹散。凡言火而不言藥者，十月之事也；言藥而不言火者，一時半刻之功也。紫清仙師之言曰『以火鍊藥而成丹』，即『以神馭氣而成道』也，更明切矣。」**陳攖寧頂批** 紫清，即白玉蟾。

抽添論

或問：「抽鉛添汞之旨，可得聞歟？」曰：「予聞之立陽先生，得藥歸鼎之後，養以天然真火，緜緜若存，其中抽添變化，皆出自然，有不容以絲毫智力與乎其間。蓋道則無爲，而神氣自然有所爲，乃造化之妙也。所謂如米炊飯，厥有深旨，非止喻其易易也。夫鉛之投汞，譬則水之投於米中也，水不可過多，米不可過少，猶之二八相當也。火力調勻，其水漸乾，而米漸長，斯成飯矣。水漸乾，則抽鉛之謂也；米漸長，則添汞之謂也。抽非內減也，神入氣中，如天之氣行於地，而潛機不露也；添非外益也，氣包神外，如地之氣承乎天，而漸以滋長也。由是而胎圓神化，身外有身。造化之妙，一至於此，要皆自然而然。有莫知其所以然者，若於此而欲求其所以抽、所以添，則涉於有心，而非自然矣。所謂自然，亦有深旨。師語我曰：『順自然，非聽自然也。』旨哉言乎！」

遺言論

或問：「諸丹經所言，紅鉛黑汞、青龍白虎、白雪黃芽、木公金母、嬰姹黃婆，名殊字異，更僕數未易盡也。今子所著，一切置而不言，意者將有遺論乎？」曰：「否。子靜聽，吾試語之。昔者，吾以章句儒生，學窺玄圃，素無前識之資。偶以因緣遭際，得授真宗，頗知徑約，凡前所舉名義，悉皆熟讀而詳味之。但識此遺彼，適資扞格。而後乃今，知大道之不煩，可一言而盡也。夫道不外乎一陰一陽而已，陰則爲精，陽則爲氣，而神則統乎二者，故神與氣精，乃上藥之三品也。凡言龍虎鉛汞，種種異名，皆依此立。古仙垂語，不欲輕洩，故亂辭孔竅，紛爾多門，使志學之士，因文以見義，由博以之約。迨夫真積力久，豁然貫通，則刊落言筌，直見根本矣。」**陳攖寧頂批** 心印經云：「上藥三品，神與氣精。」

或問：「玄膚所著，多言外藥，至於採取交媾，略而不言，學人何述焉？」曰：「採取交媾，乃太上閟密之玄機，千聖心傳之要旨，至吾非不欲言，但師命甚嚴，是以臨書而惴惴其慄也。然吾於前所論中，似已訣破，但混於微言而不覺耳。契曰：『千周燦彬彬兮，萬遍將可覩。』志學之士，苟能千周萬遍，則研精而妙義見矣。然非有求而未得之情，則孰知斯道之難聞；非有相悅以解之妙，又孰知予知之有味哉！已乎已乎，吾茲將結舌矣。」

破僞論 附論六篇。

陳攖寧按 僞者，各種無用之假法也。

「世人好小術，不審道淺深」，是以狂夫僞人，得以行其無所忌憚之術。蓋以玄理幽深，不能洞究，心無所主，是以輕信而易惑。**陳攖寧頂批** 頭兩句見參同契中。

即以世之僞術，略舉其概： 或炮孕婦之胎以辟穀，或服砒硫之藥以禦寒，或用鉛劍以開關，或養靈龜而展縮，或搖夾脊而淅瀝有聲，或擊頭顱而鏗訇相應，或叠坐如石，或鼓腹如雷，或倒掛如猿，或曲睡如龍，或輕旋如風而屏氣不息，或疾行如猿而健步莫追。如此之類，難以枚舉，求諸至道，了不相關，類皆逞其頑技，以文神奸，正司馬真人所謂「巧蘊機心，以干時利」。

而外丹爐火，爲僞尤甚。 蓋銀精附體，亦可變易金石。 追攝之法，世多有之，學人不知，信爲點化，誤矣； 其次，則丁打謄那，對面爲盜，呼鹿作馬，以羊易牛； 又其次者，盲燒瞎鍊，耗火亡財，玩日愒時，罔有成效。 匪道誤人，人不審道故也。

嗚呼！ 不審道之淺深而稱好道，不識師之真僞而稱遇師，遂使狂人僞人靦顏居先，挺身納拜，爲愧孰甚焉。 予故著爲此論，凡我同志，好道之倫，珍重珍重，早息妄心，早求真諦，吾鞭不可得也。

破執論

陳攖寧按 執者，偏執一端而不知貫通也。

夫物之瓜菓，與食之醯酒之類，凡破其體，啟其幕者，皆變壞而不能久。 破體之人，亦猶是也。 聖人知其如此，故求其所謂先天真乙者以補之。 而今論先天者，不過自吾已破之身，關鍵而密固之，攢簇而和合之，以求真乙之生，以爲長生久視之道。不知真體既破，則吾身中所有精氣與神，皆日改月化，而入於後天，真乙之氣其能全乎？是猶藏已壞之瓜菓，幕已啟之酒醴，求其無壞，豈不難哉？此理甚明，人所易曉，近取諸身，遠取諸物，可罕譬而喻者也。

還丹之道，載諸丹經，學者不能熟讀而詳味之，獨以一言半句，出口入耳，自謂真傳實詣，至於終身執迷，獨修一物，而莫之悟，可哀甚也。予憫此徒，故著是論。古仙有云「形以道全，命以術延」，今論道者比比，術在何處？請試思之。

破邪論 陳攖寧按

邪者，皆注意在有形渣滓之物，而不識先天一氣也。

今之論同類者，其說不一，予皆舉之。

九一之術，邪勿論矣。有先天梅子之說，影響形似，或有可聽，然皆有形渣滓之物，實與世之紅鉛，異名而同事，以之爲道，恐或未然。至於離形交氣之說，顛倒兩竅之說，開關鑄劍之說，上進下進之說，或反經而爲蟠桃，或含棗而飲甘露，或碎磁釀鐵爲酒漿，或取男女淫液和麯蘖，或配秋石而稱人元，種種不一，類皆邪師曲學，以盲引盲，窮年皓首，迄以無成，以至敗德禍身，爲世嗤笑，大可憐也。

夫先天之氣，來自虛無，視不可見，聽不可聞，摶不可得。如以揣摩鈎致，多方索取，則去之遠矣。所謂浮沉銖兩，今復何在？以予所聞，真若薰蕕異味，不可同器而藏。老子云：「夫惟無知，是以莫我知。」使天下有知言之人，則吾道不孤矣。

破疑論　陳攖寧按

疑者，疑學道不必多讀書也。

或疑：「古語云『一言半句便通玄，何用丹經千萬篇』，謂陳言之不足貴也。夫子教人多讀丹經，使之洞曉陰陽，深達造化，得無玩日愒時，而以聞見自障其心乎？吾得師旨，則一言半句，可以循之而入，奚以多讀爲哉？」曰：「吾子言之誠是矣。不知道有邪正，師有真僞，素非法眼，將何自而辨之？譬之欲試金者必以石，丹經者，時師之試石也。不能精思熟讀，而徒以一言半句師人以求道，其不入於邪宗而惑於異說者，無幾矣。昔有欲之京師者，問道於途，途之人口口不一也，其人懼不敢往。一旦之坊間，見途籍焉，於是執籍以往，所言棲泊之處，鬻販之所，關津棧閘之次第，毫髮不差，然後知書記之與口傳，何啻天壤。丹經者，入道之途籍也。今也，廢閣丹經，而求語句於時師，是猶廢途籍而問路人，欲之京師，能無謬乎？夫一言半句，訣在真師，汝欲覓師，師在何處？」

破愚論

陳攖寧按 愚者，謂鍊外丹受方士之欺騙也。

今之好道者，類皆延致方士，燒鍊爐火，以冀點化，以求服食，謂之外丹。不知此等之事，起於妄心。既有妄心，即招妄侶，以故巧僞之徒，投間抵隙，以馬易牛，對面爲賊，曾莫之悟。即欲舉之，更僕未易數也。予昔未聞師旨，幾惑此輩，賴天之靈，不致敗缺，故著此論，以遺後人。

凡爐火之事，勿謂無有，亦金丹之印證也。參同契云：「爐火之事，真有所據。」在人洞曉陰陽，深達造化，然後妙用可見。蓋爐火鍊氣，比之鍊己，配合一道，採取一機，温養脱胎，無不皆同。大要識沉浮，知老嫩，則丹道其庶幾矣。

今之論爐火者，不知鉛汞何物，銖兩何在，真土何歸，動以凡砂水銀妄意配合，匱以八石，煮以衆草，或取鉛華爲水金，或取砂塊爲黄硫，或脱砂殼爲天硫，或取天癸抱砂汞，又或採鉛取鑛。玩日愒時，自謂真鉛、真汞、真土，舉世罕知，千端萬緒，各私其寶，深藏巧秘。不知誤聽，則亡耗之禍，大不可言矣。

且夫金丹之道，上天所寶，求得外護，法財兩濟，斯亦可矣。舉而售人，以徼禮謝，此復何説？不識其詐而信其人，不究其理而用其術，非愚而何？誤之於前，而復踵之於後，非愚而何？不務修德，而求非望之福，非愚而何？所謂「竭殫產財，妻子饑貧；迄不諧遇，希能有成」陳攖寧頂批　此四句見參同契，不幸而中仙翁之料者陳攖寧頂批　仙翁者，指魏伯陽也，十人而九，嗚呼殆哉！

外丹之道，爲之在人，成之在天，知之在慧，凝之在福，訣之在師，明之在眼，有不可絲毫假借於人者。苟能潛修德行，密結同心，德動天地，誠感鬼神，自爾臨爐之時，保無虞失。否則，學術雖正，心眼雖明，如魔試何？予親試歷驗，今則不敢自隱，恐後人不知，妄意輕舉，迄無以成，反生懈退。非道負人，人不知道故也。若也，能知之而不爲，爲之而不用，用之而不私，則更善矣。

破癡論　陳攖寧按　癡者，謂壯年不肯修鍊，老年悔已晚矣。

金丹之道，知之貴真，修之貴早，所以純陽老祖有云「下手速修猶太遲」。世人不知，執著太上「一百二十皆可還」之說，當其强富之年，沉溺愛河，罥掛塵網，不即解脫，日作夜爲，亡耗幾盡，迨至日暮途窮，方始就道，以爲歸老之計。不知時日不待，卦數既滿，藥材虧少，承藉無基，縱使遇師知藥，而時節因緣忽已蹉過，皓首無成，反起虛無之歎，可勝惜哉！所以悟真首篇，喻光陰於石火，等身世於浮泡，警悟之意，蓋深且切矣。

或問黃庭「一百二十」之說。曰：「上古之世，民淳事簡，婚配甚遲，譬之良田，其力未乏，是以晚植而猶獲；今則磽瘠既甚，樹藝復晚，則苗而不秀，秀而不實，無怪其然。且古今人之不相及，風氣使然，烏得以今之人而論古之世哉！」

陳攖寧批註於民國十九年（一九三〇年）翼化堂善書局道言五種金丹就正篇書上，具體時間不詳